Steffen Raßloff

Vom Königreich zum Freistaat

Schlüsselmomente der Thüringer Geschichte

Titelbild: Die Wartburg, Wikipedia/A.Savin; Thüringer Landtag, 2007, Wikipedia/Lukas Götz.

Dr. Steffen Raßloff (Jg. 1968) arbeitet als Historiker, Publizist und Kurator in Erfurt. Sein Spezialgebiet ist die thüringisch-mitteldeutsche Landesgeschichte. Nach dem Studium der Geschichte und Germanistik in Erlangen promovierte er 2001 an der Universität Erfurt zum Dr. phil. Anschließend wirkte er als Wissenschaftlicher Mitarbeiter am Lehrstuhl für Neuere und Zeitgeschichte der Universität Erfurt. Der Autor von Standardwerken, wie „Mitteldeutsche Geschichte", „Geschichte Thüringens" und „Geschichte der Stadt Erfurt", wurde mehrfach mit Buchpreisen ausgezeichnet. 2018 gehörte Raßloff zu den Autoren des Bestsellers „Deutsche Geschichte. Die große Bild-Enzyklopädie". Er ist Mitglied der Historischen Kommission für Thüringen und wirkt als Kurator von Ausstellungen und Medienberater des MDR.

Landeszentrale für politische Bildung Thüringen
Regierungsstraße 73, 99084 Erfurt
www.lztthueringen.de
2022

ISBN: 978-3-948643-58-4

Inhalt

„Einheit in der Vielfalt"

Vom Königreich zum Freistaat Thüringen

Der Freistaat Thüringen mit seinen zwei Millionen Einwohnern und gut 16.000 Quadratkilometern Fläche zählt zu den kleineren und politisch weniger bedeutsamen Ländern der Bundesrepublik Deutschland mit ihren 83 Millionen Einwohnern und 358.000 Quadratkilometern Fläche. Thüringen kann allerdings auf eine mehr als 1500-jährige Geschichte voller kultureller Höhepunkte zurückblicken, die es wiederum aus der föderalen Familie Deutschlands deutlich heraushebt. Dafür stehen Beinamen wie „Lutherland", „Heimat der Bach-Familie", „Land der Klassik", „Wiege des Bauhauses". In dieser einzigartigen

Wikipedia/Andreas Trepte, www.avi-fauna.info

Das Schillerhaus in Weimar.

Kulturlandschaft um UNESCO-Welterbe Wartburg und Weimar ist einer der ältesten Volksstämme beheimatet, aus denen sich das fränkisch-deutsche Reich entwickelte. Thüringen war jedoch lange kein einheitliches Staatsgebilde, sondern vielmehr Inbegriff der Kleinstaaterei. Dieses Spannungsverhältnis prägt den schrittweise im 20. Jahrhundert entstandenen Freistaat bis heute.

Der Kaiser und die Regionalmächte hatten bis zum Dreißigjährigen Krieg 1618/48 ein stark föderales Gefüge für das Deutsche Reich ausgeprägt. Einigen Gebieten bescherte dies zahlreiche kleine „Duodezfürsten", spöttisch benannt nach dem kleinsten der historischen Buchformate „Duodez", bei dem der Bogen zwölf Blätter zählt. In Thüringen nahm dies extreme Formen mit bis zu 30 Herrschaften auf engstem Raum an. Das veranlasste die preußisch-nationale Geschichtsschreibung, zwar die kulturellen Impulse für die Nation zu würdigen, zugleich aber die Zersplitterung zu geißeln: „Fast alle anderen Stämme nahmen doch irgend einmal einen Anlauf nach dem Ziele politischer Macht, die Thüringer niemals. Unsere Kultur verdankt ihnen unsäglich viel, unser Staat gar nichts", so der Berliner Historiker Heinrich von Treitschke in seinem Klassiker „Deutsche Geschichte im neunzehnten Jahrhundert" (1882).

Thüringens Kleinstaatenwelt überstand sogar als einzige die Flurbereinigungen der Napoleonischen Zeit und der Reichsgründungszeit von 1864 bis 1871. Jene politisch-administrative Kleinteiligkeit verband sich jedoch mit einem fest verankerten landsmannschaftlichen Eigenbewusstsein der Thüringer. Bezugspunkte für diese historische „Einheit in der Vielfalt" waren das Königreich der Thüringer im 6. Jahrhundert und vor allem die Landgrafschaft Thüringen im 12./13. Jahrhundert, mit denen sich durchaus – wenn auch letztlich gescheiterte – Ansätze für eine machtvolle Herrschaftsbildung finden. Im 19. Jahrhundert wurden ernsthafte Stimmen nach einer Einigung laut. Diese waren erstmals während der Revolution 1848 mit ihren demokratischen „Thüringer Volkstagen" deutlich zu vernehmen. Der zunehmende Anachronismus der

Schloss Sondershausen, Blick vom Lustgarten mit Fontäne zum klassizistischen Westflügel und der Rotunde (links).

Miniaturmonarchien führte schließlich zu heftiger Kritik am „Thüringer Kleinstaatenjammer", so der Titel einer viel gelesenen Publikation des Meininger SPD-Politikers Arthur Hofmann 1906.

Im 20. Jahrhundert wurde die Forderung nach staatlicher Einheit im Rahmen einer föderalen Nation nach dem Ende der Monarchien in der Novemberrevolution 1918 schrittweise verwirklicht. 1920 bildete sich zunächst aus sieben ehemaligen Herzog- und Fürstentümern der Freistaat Thüringen mit der Hauptstadt Weimar. Nach dem Ende des Zweiten Weltkrieges 1945 kamen die preußischen Gebiete mit der „heimlichen Hauptstadt" Erfurt hinzu, die nun auch die tatsächliche Hauptstadtrolle übernahm. Im Zuge der Einführung des „demokratischen Zentralismus" in der DDR wurde das Land Thüringen jedoch schon 1952 wieder aufgelöst und in die Bezirke Erfurt, Gera und Suhl geteilt. Mit der deutschen Wiedervereinigung trat schließlich am 3. Oktober 1990 das Bundesland Thüringen mit der Hauptstadt Erfurt ins Leben, das sich 1993 in seiner Verfassung den Namen Freistaat Thüringen gab.

Heute fällt der Blick auf die kleinstaatliche Vergangenheit weniger kritisch aus als bei Machtstaats-Verfechter Treitschke. Vielmehr verkörpert Thüringen die kulturgeschichtlichen Vorzüge des Föderalismus. Fürstliche Repräsentation bescherte ihm prächtige Schlösser, Parks, Museen, Bibliotheken und

Staatskanzlei in Erfurt, Sitz des Ministerpräsidenten des Freistaates Thüringen.

Theater in einmaliger Dichte, machte es zum Synonym des Landes der Dichter, Denker und Musiker. Zwischen Gotha, Weimar, Altenburg und Meiningen, zwischen Sondershausen, Rudolstadt, Gera und Greiz entfaltet das „Land der Residenzen" eine ganz besondere Atmosphäre. Die mittelalterliche Handels- und Kulturmetropole Erfurt, die einstigen Reichsstädte Mühlhausen und Nordhausen sowie das katholisch geprägte Eichsfeld runden dieses Bild ab. Die jüngere Geschichtsschreibung hat zudem bedeutende politische, soziale und ökonomische Innovationskräfte herausgearbeitet. Thüringen entwickelte sich zu einer Hochburg von Nationalbewegung, Liberalismus und Sozialdemokratie. Im Zeitalter von Industrialisierung und wissenschaftlichem Fortschritt gingen von hier wichtige Impulse aus.

Im Rückblick ist die Versuchung groß, die Geschichte jener reichen Kulturlandschaft als kontinuierlichen Prozess zu erzählen. Das ausgeprägte Regionalbewusstsein scheint bis zu den germanischen „Toringi" der Völkerwanderungszeit

Das Unternehmen Carl Zeiss in Jena gab der industriellen Moderne wichtige Impulse. Hier das Zeiss-Hauptwerk auf einer Postkarte aus dem Jahr 1910.

zurückzureichen, die das mächtige Königreich der Thüringer hervorbrachten. Ohne von dort eine zwangsläufige Entwicklung zum heutigen Freistaat zu unterstellen, hat sich doch der Begriff Thüringen seither trotz aller inneren Kleinteiligkeit fest mit der Region zwischen Harz und Thüringer Wald, zwischen Werratal und Pleißenland verbunden. Die folgenden neun „Schlüsselmomente" sollen dabei verdeutlichen, wie der über anderthalb Jahrtausende reichende Prozess vom Königreich zum Freistaat ablief, aber auch welche alternativen Entwicklungen durchaus möglich gewesen wären. Thüringen hätte unter den Königen und Landgrafen ebenso zum Kern eines ausgreifenden mächtigen Staatsgebildes werden können, wie unter den Wettinern Teil eines „Großsachsens" mit Schwerpunkt außerhalb der Region. Und auch die schrittweise Herausbildung des modernen föderalen Thüringens im 20. Jahrhundert war weder alternativlos noch von vornherein auf den heutigen Gebietsstand festgelegt.

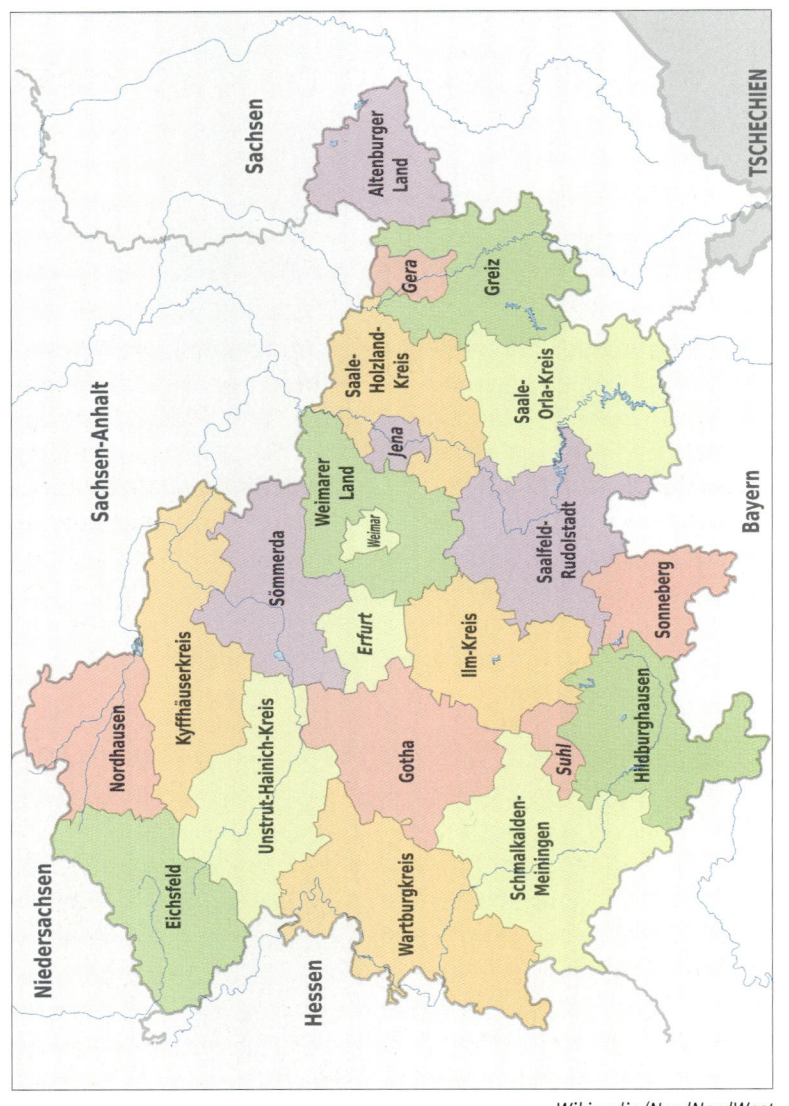

Thüringen mit Landkreisen und kreisfreien Städten.

Der Untergang des Thüringer Königreiches 531

Der Untergang des Königreichs der Thüringer im Jahre 531 gehört zu den wichtigsten Schlüsselmomenten der Landesgeschichte. Jenes Reich hatte sich aus dem Ende des 4. Jahrhunderts erstmals erwähnten Stamm der „Toringi" herausgebildet, einem der ältesten unter den deutschen Stämmen überhaupt. Aus einem mächtigen Germanenreich wurde mit dieser „furchtbaren Niederlage" gegen die Franken, von Geschichtsschreibung und Sage eindrücklich festgehalten, eine Provinz des fränkischen Reiches. Schauplatz des blutigen Geschehens war ein nicht sicher lokalisierbarer Ort im Unstruttal.

Wikipedia/Michael Sander

Im Unstruttal spielte sich 531 die „furchtbare Niederlage" der Thüringer ab. Hier die Unstrut oberhalb von Nebra.

Doch zurück zu den Anfängen der Thüringer. Die Entstehung des germanischen Volksstammes liegt weitgehend im Dunkeln, da die schriftliche und archäologische Quellenlage nur sehr bruchstückhafte Rückschlüsse auf die frühen Jahrhunderte zulässt. Lange ging man davon aus, dass die Thüringer vor allem aus dem älteren, schon vor der berühmten „Germania" (um 100 n. Chr.) des römischen Historikers Tacitus erwähnten Germanenstamm der Hermunduren hervorgegangen seien. Jüngere Forschungen haben dies in Frage gestellt – ohne die ethnische Herkunft freilich weiter erhellen zu können. Sicher ist aber, dass die „Toringi" beim römischen Militärschriftsteller Publius Flavius Vegetius Renatus erstmals erwähnt werden. Neben dessen Hauptwerk „Epitoma rei militaris" (um 395) findet sich eine separate Abhandlung „Digesta Artis Mulomedicinae" über die Pferdeheilkunde, in welcher von den Pferden der Thüringer als einer für den Kriegsdienst besonders tauglichen Rasse die Rede ist.

Doch was bedeutet der Name jener Toringi, die so strapazierfähige Pferde züchteten? Ältere Deutungen gingen von besagten Hermunduren, vom lateinisch Adjektiv „durus" (= hart) oder vom Donnergott Thor aus. Heute wird unter anderem eine Ableitung vom germanischen „thur" (= stark, machtvoll, reich) vermutet, die sich auf ähnliche Gruppenbezeichnungen nach positiven Körper- und Charaktereigenschaften bei den Germanen stützen kann. Die Thüringer wären demnach „die Starken". Aus den je nach Herkunft der Quelle variierenden Schreibweisen Thoringi/Thuringi und Toringi/Turingi setzte sich schließlich das Thuringi/Thüringer bzw. die Landschaftsbezeichnung Thuringia/Thüringen durch. Gleichzeitig gab es seit dem 8. Jahrhundert auch Schreibweisen mit D, die für eigene Etymologien wie „dur" für Hügel klingen und sich in Familiennamen wie Düring finden. Vorgeschlagen werden in der kontroversen Forschung sogar Deutungen wie die Identität mit den ostgermanisch-gotischen Terwingen.

So verwirrend die Namensfrage auch sein mag, in jedem Falle treten die Thüringer um 400 auf die historische Bühne.

Mittelalterliche Handschrift der „Mulomedicina" von Vegetius Renatus.

Sie hatten sich von anderen germanischen Stämmen der Völkerwanderungszeit abgehoben und gehören damit neben Franken, Alamannen und Sachsen zu den ältesten, aus denen sich ein deutsches Reich bilden sollte. Die Bajuwaren, die späteren Bayern, sind beispielsweise erst im späten 6. Jahrhundert sicher schriftlich belegt. Der Siedlungsraum der Thüringer reichte von der Werra bis zur unteren Mulde, von der Altmark bis zum Thüringer Wald und Erzgebirge. Darüber hinaus erstreckte sich ihre Herrschaft später bis hin zu Main, Donau, Elbe und vielleicht sogar zum Niederrhein. Schon hier darf man also Preußen-Historiker Treitschke mit gutem Grund widersprechen, der den Thüringern unterstellt hatte, niemals „einen Anlauf nach dem Ziele politischer Macht" unternommen zu haben.

In der zweiten Hälfte des 5. Jahrhunderts bildete sich ein ausgesprochen mächtiges Königreich der Thüringer. Bedeutende archäologische Funde von Stößen bei Naumburg, Großörner bei Mansfeld, Weimar, Erfurt und Mühlhausen

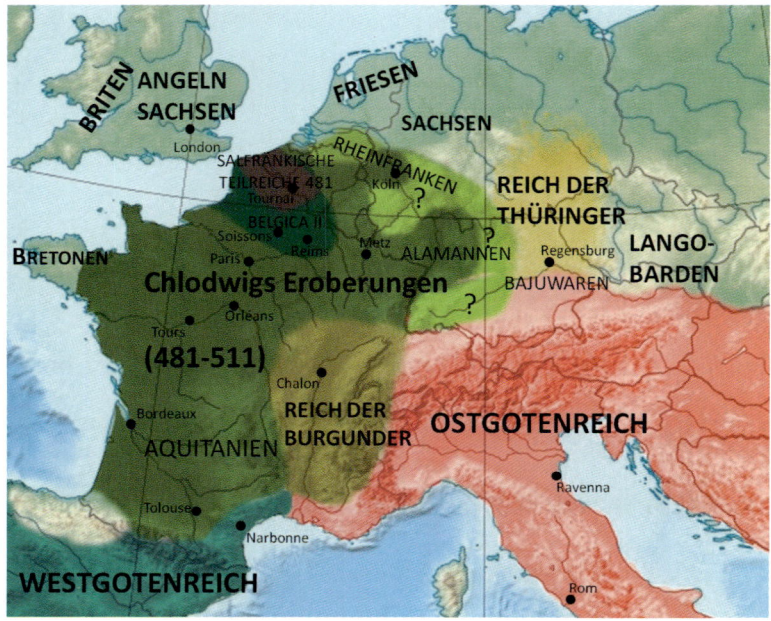

Das Reich der Thüringer im frühmittelalterlichen Europa.

markieren dessen Kernraum, auch wenn sich keine Königsresidenzen sicher nachweisen lassen. Als wichtiger Machtfaktor des spätantik-germanischen Europas war es mit dem Ostgotenreich Theoderichs des Großen verbündet. Dies wurde 510 durch Heirat der Theoderich-Nichte Amalaberga mit dem Thüringer König Herminafrid, Sohn des ersten namentlich bekannten Königs Bisinus, bekräftigt.

Nach dem Tode Theoderichs 526 brach das Bündnissystem jedoch rasch zusammen. Die Thüringer unterlagen 531 in einer vernichtenden Schlacht an der Unstrut dem Heer der merowingischen Frankenkönige Theuderich und Chlothar. Der genaue Ort der Schlacht ist nicht überliefert. Vermutet werden nach Angaben der allerdings erst viereinhalb Jahrhunderte später geschriebenen „Geschichte der Sachsen" (973) des Widukind von Corvey Weißensee mit der Runneburg oder

Burgscheidungen im heutigen Sachsen-Anhalt, was jedoch archäologisch nicht bestätigt werden konnte. 534 fiel der zunächst geflüchtete Herminafrid vermutlich in Zülpich einem fränkischen Mordanschlag zum Opfer. Seine Nichte Radegunde wurde von Chlothar ins Frankenreich verschleppt und musste diesen heiraten. Sie flüchtete später in den Schoß der Kirche und gründete das Kloster Poitiers. Dort verstarb die bis heute in Frankreich als Heilige hoch verehrte Prinzessin 587.

Der blutige Untergang des Thüringer Königreiches hat schon die Zeitgenossen stark beeindruckt und ist in die germanische Sagenwelt eingegangen. Die Geschichtsschreibung, etwa die im späten 7. Jahrhundert verfasste „Geschichte der Franken" des Gregor von Tours, hat die Ereignisse in groben Zügen aus der „Siegerperspektive" festgehalten. Gregor schildert, ohne einen konkreten Ort zu nennen, die Niederlage sehr drastisch: „Als aber die Thüringer sahen, dass sie großen Verlust erlitten, wandten sie, da auch ihr König Herminafrid schon die Flucht ergriffen hatte, den Rücken und kamen bis zur Unstrut. Dort wurden so viele Thüringer niedergemacht, dass das Bett des Flusses von der Masse der Leichname zugedämmt wurde und die Franken über sie, wie über eine Brücke, an das jenseitige Ufer zogen. Nach diesem Sieg nahmen diese sofort das Land in Besitz und brachten es unter ihre Botmäßigkeit."

Daneben erinnert das zeitgenössische Klagelied der Radegunde des spätrömischen Dichters Venantius Fortunatus „De excidio Thoringiae" eindringlich an den Untergang des Thüringer Königshauses.

Lesepult der Radegunde
im Kloster Poitiers.

Die „furchtbare Niederlage" von 531 wirkte sich auch auf die ethnische Entwicklung der Thüringer aus. Neben fränkischer Ansiedlung aus dem Westen und dem Vordringen von (Nieder-)Sachsen in den nordthüringischen Raum – laut späteren Quellen wie Widukind von Corvey sollen die Sachsen 531 am Sieg über die Thüringer beteiligt gewesen sein – gehören die Slawen zu den Gruppen, die mit ihnen im Mittelalter zu einer Einheit verschmolzen. Seit dem 8. Jahrhundert drangen Slawen verstärkt von Osten her bis zur Saale vor und siedelten sich auch darüber hinaus neben der deutschen Bevölkerung an. Allmählich ging jedoch nach der Integration der Gebiete östlich der Saale in das Deutsche Reich im 10. Jahrhundert die slawische Bevölkerung weitgehend friedlich bis ins 13. Jahrhundert in der thüringischen Mehrheitsbevölkerung auf. Ein sehr bildhaftes Zeugnis hierfür ist das Relief am Ratskeller von Großbrembach bei Sömmerda. 1579 schlossen sich dort die benachbarten Siedlungen der Deutschen und Slawen offiziell zu einem Ort zusammen. Das Relief zeigt einen Slawen und einen Deutschen unter einem Hut, die gemeinsam aus einem Horn trinken.

Der Untergang des Thüringerreiches ist als historische Zäsur von europäischer Dimension kaum zu überschätzen und hat die weitere Landesgeschichte maßgeblich geprägt. Aus einem mächtigen Königreich wurde eine

Alexander Raßloff

Relief am Ratskeller in Großbrembach.

Randprovinz des fränkischen und späteren deutschen Reiches, deren indigene Bevölkerung sich mit benachbarten Ethnien vermischte. Thüringen als historische Landschaft schmolz auf den Kern des heutigen Bundeslandes zwischen Harz und Thüringer Wald zusammen. Freilich hielt sich hier fortan trotz aller späteren herrschaftlichen Zersplitterung im „Land der Residenzen" das Bewusstsein einer thüringischen Identität, ehe anderthalb Jahrtausende später der Freistaat Thüringen die Region wieder politisch-administrativ vereinte. Die moderne Geschichtswissenschaft hat deutlich gemacht, dass dies durchaus kein Sonderfall ist, sondern dass auch die frühmittelalterlichen Stämme in Alemannien, Bayern, Franken, (Nieder-)Sachsen oder Friesland trotz allem historischen Wandels ein erstaunliches Eigenbewusstsein in ihrer angestammten Landschaft bis auf den heutigen Tag bewahrten.

Lutherstube auf der Wartburg.

Ende einer sagenhaften Dynastie

Das Aussterben der Thüringer Landgrafen 1247

Die glanzvolle Landgrafschaft Thüringen der Ludowinger im 12. und 13. Jahrhundert gehört zu den wichtigsten identitätsstiftenden Epochen der Landesgeschichte. Ihr zentraler historischer Erinnerungsort ist die UNESCO-Welterbestätte Wartburg bei Eisenach, um die sich auch viele der populären Landgrafen-Sagen ranken. Freilich scheiterte auch jener zweite ambitionierte Versuch einer teils weit über das heutige Thüringen ausgreifenden Herrschaftsbildung wie schon gut sieben Jahrhunderte zuvor das frühmittelalterliche Königreich der Thüringer. Dementsprechend gilt das Jahr 1247 mit dem Tod von Landgraf Heinrich Raspe, der es zwar kurz zuvor sogar zum deutschen König gebracht hatte, aber ohne Nachkommen blieb, als weiterer Schlüsselmoment der Landesgeschichte.

Die Thüringer waren nach der blutigen Niederlage gegen die Franken 531 allmählich in den Herrschaftsverbund des fränkisch-deutschen Reiches hineingewachsen, ohne ihr Gemeinschaftsbewusstsein zu verlieren. Hierfür sorgten auch die Franken selbst, für die die Grenzregion lange von großer strategischer Bedeutung war. 802 ließ Kaiser Karl der Große die „Lex Thuringorum", das Stammesrecht der Thüringer niederschreiben. Diese gemeinsame Rechtstradition spielte für die Identität des Stammes eine wichtige Rolle. Dort finden sich im Vergleich mit anderen germanischen Stammesrechten auch markante Eigenheiten, wie etwa die strikte Verurteilung des Pferdediebstahls. Dies verweist auf die schon bei der Ersterwähnung im späten 4. Jahrhundert belegte Bedeutung der

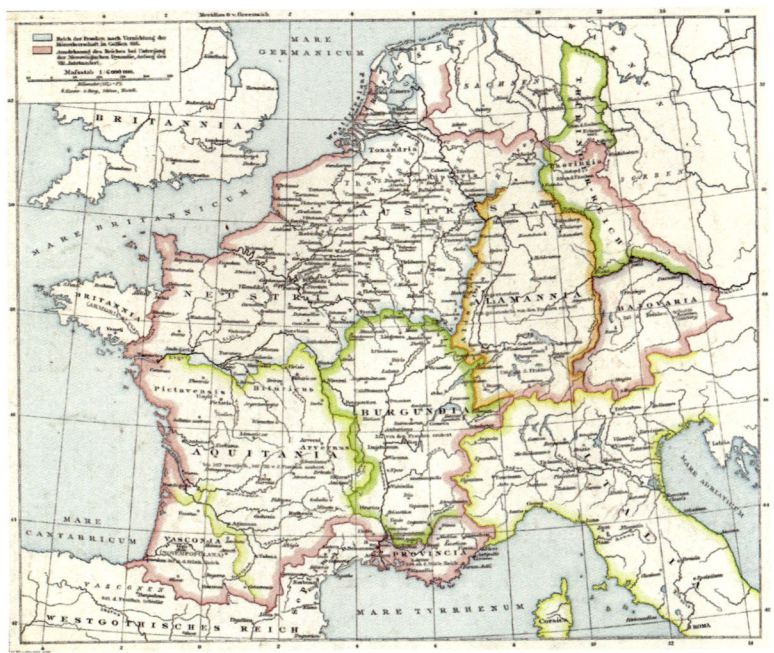

Thüringen als fränkische Grenzprovinz, Allgemeiner Historischer Handatlas, 1886.

Pferdezucht. Immer wieder taucht in der Folgezeit diese prägende Gemeinschaft auf. So gelang es den einflussreichen Adligen Thüringens 1002 bei einer Versammlung auf dem Jenaer Kirchberg, von König Heinrich II. den demütigenden „Schweinezins" erlassen zu bekommen. Seit 531 hatten die Thüringer jährlich 500 Schweine an die fränkischen Könige und deren Nachfolger abliefern müssen.

Diese lebensweltlich unterfütterte Stammesgemeinschaft führte aber nicht dazu, dass sich eine einheitliche Herrschaft in der Region ausprägen konnte. Vielmehr gelang es einer Reihe von Adelsgeschlechtern, sich dauerhaft zu etablieren. Hierzu zählten am nachhaltigsten die Schwarzburger und Reußen, die bis 1918 als Reichsfürsten regierten. Hinzu kamen die beiden Reichsstädte Mühlhausen und Nordhausen, die autonome Handelsmetropole Erfurt und Besitzungen des Kurfürsten von Mainz. Auch die ludowingischen Landgrafen von Thüringen konnten keineswegs eine flächendeckende Herrschaft aufbauen. Allerdings erlangten sie einen Länderkomplex, der vom heutigen südlichen Sachsen-Anhalt um Sangerhausen und die Neuenburg bei Freyburg bis weit ins heutige nördliche Hessen um Kassel und Marburg reichte. In dessen Mittelpunkt thronte die Wartburg auf den Ausläufern des westlichen Thüringer Waldes hoch über Eisenach.

Die Wartburg war nicht nur glanzvolles Herrschaftszentrum der Landgrafen von Thüringen, sondern auch ein Schnittpunkt der Reichsgeschichte. Als Vertraute der staufischen Kaiser bestimmte das mächtige Adelsgeschlecht der Ludowinger die Reichspolitik wesentlich mit. Die Landgrafenzeit diente über die anschließenden Jahrhunderte der Kleinstaaterei hinweg als zentraler historischer Bezugspunkt der Thüringer. So führt heute auch der Freistaat Thüringen den Löwen der Landgrafen im Wappen. Die nach dem Vornamen ihrer erstgeborenen männlichen Vertreter bezeichneten Ludowinger stammten aus dem Fränkischen und hatten sich unter Ludwig dem Bärtigen um 1040 im Raum Friedrichroda angesiedelt. Seinem Sohn Ludwig dem Springer, legendärer Gründer der Wartburg, der Neuenburg und des Klosters Reinhardsbrunn als spirituellem Zentrum des Geschlechtes, gelang der Ausbau der verstreuten Herrschaftskomplexe in Thüringen. Durch Erbschaft erreichte wiederum sein Sohn Ludwig die Ausdehnung des Besitzes weit ins Hessische hinein.

1131 wurde dieser als Ludwig I. mit der von König Lothar von Supplinburg neu geschaffenen Würde der Landgrafen von Thüringen belehnt. Diese standen fortan wie Herzöge über allen Adligen der Region, waren für Landfrieden und Hochgerichtsbarkeit verantwortlich. Bald zählten die Ludowinger zu den mächtigsten Reichsfürsten. Ludwig II. festigte die Bindung an das staufische Kaiserhaus durch die Heirat einer Halbschwester Friedrich Barbarossas. Unter Ludwig III. erreichte die Landgrafschaft im Zuge der Entmachtung des Welfenherzogs Heinrich der Löwe erheblichen Bedeutungszuwachs. Den glanzvollen Höhepunkt bildete die Regentschaft Hermanns I. Mit seinem Namen ist der sagenhafte „Sängerkrieg auf der Wartburg" von 1206/07 verbunden, Symbol für die am Landgrafenhof gepflegte ritterlich-höfische Adelskultur. Ludwig IV., der Heilige ist als Gemahl der Heiligen Elisabeth in Erinnerung geblieben. Die ungarische Königstochter stieg als Elisabeth von Thüringen nach ihrem frü-

Alexander Raßloff

Wappen der Landgrafschaft Thüringen am Schloss Friedenstein in Gotha.

hen Tod 1231 zu einer der beliebtesten Heiligen Europas auf.

Unter Ludwigs Bruder und Nachfolger Heinrich Raspe schien der zweite Anlauf zu einer machtvollen thüringischen Herrschaftsbildung, die weit über den heutigen Freistaat ausgriff, weiter an Fahrt aufzunehmen. Ludwigs Sohn und designierter Landgraf Hermann II. war mit einer Tochter des Stauferkaisers Friedrich II. verheiratet. Heinrich Raspes Bruder Konrad stieg 1239 zum Hochmeister des in Thüringen reich begüterten Deutschen Ordens auf. 1226 hatte Ludwig IV. zudem die Vormundschaft und Eventualbelehnung (mögliche Übernahme des Besitzes) für seinen Neffen Heinrich erhalten, den unmündigen wettinischen Markgrafen von Meißen. Damit lockte eine erhebliche Gebietserweiterung nach Osten ins heutige Sachsen. Allerdings sollten sich die Vorzeichen im Verhältnis von Ludowingern und Wettinern komplett ändern. Während Konrad 1240 und Hermann II. 1241 früh verstarben, blieben auch die drei Ehen Heinrich Raspes kinderlos. Daraufhin setze dieser 1243 die Eventualbelehnung seines Neffen Heinrich von Meißen durch.

Siegel Landgraf Heinrich Raspes.

Die Erhebung des Landgrafen zum deutschen König 1246 bedeutete daher keinen krönenden Gipfelpunkt in der Geschichte der Ludowinger. Heinrich Raspes vom Papst gestütztes Gegenkönigtum („Pfaffenkönig") konnte sich gegen den Staufer Friedrich II. nicht durchsetzen. 1247 erlosch schließlich mit seinem Tode das Geschlecht der Ludowinger im Mannesstamm. Ein blutiger Erbfolgekrieg endete 1264 mit der Teilung ihrer Herrschaft. Die Landgrafschaft Thüringen fiel an Markgraf Heinrich den Erlauchten von Meißen, die hessischen Besitzungen an Sophie von Brabant, Tochter der Heiligen Elisabeth. Sophies Sohn Heinrich wurde 1247 zum Begründer der Landgrafschaft Hessen, die 1292 offiziell den Reichsfürstenstand erlangte. Mit dem Aussterben der Ludowinger endete die enge historische Verzahnung von Hessen und Thüringen, an die noch heute die ähnlichen Landeswappen mit dem ludowingischen Landgrafenlöwen erinnern. Die meißnischen Wettiner, die später zu Kurfürsten von Sachsen aufstiegen, banden Thüringen nunmehr in ihren mitteldeutschen Herrschaftskomplex ein.

Die mittelalterliche Glanzzeit unter den Landgrafen blieb im kollektiven Gedächtnis der Thüringer fest verankert und fand ihren Niederschlag in der Sagenwelt. Die Landgrafensagen vom Bau der Wartburg mit dem legendären Gründungsdatum 1067, über den Schmied von Ruhla, den Sängerkrieg auf der Wartburg und die Legenden um die Heilige Elisabeth mit dem Rosenwunder hielten das historische Gemeinschaftsbewusstsein weiter wach, auch als die formal fortbestehende Landgrafschaft Thüringen unter den Wettinern ihre Bedeutung allmählich verlor. Im heutigen Bild des Kulturlandes Thüringen

Die Wappen der Bundesländer Thüringen und Hessen.

stellt die Landgrafenzeit zudem die erste bedeutende Erinne-
rungsschicht dar, um die sich später weitere bis hin zur Re-
formationszeit, der Weimarer Klassik und dem Bauhaus anla-
gern sollten.

Ähnliches gilt für die Wartburg als symbolträchtiger Land-
grafensitz und Sinnbild einer mittelalterlichen Höhenburg. Die
Burg mit ihrem imposanten romanischen Palas darf über ihre
landesgeschichtliche Bedeutung hinaus als einer der markan-
testen historischen Erinnerungsorte Deutschlands eingestuft
werden. In den Fokus der Weltgeschichte geriet sie durch Martin Luthers Scheinentführung und Bibelübersetzung 1521/22.
Spätestens mit dem Wartburgfest der Burschenschaften 1817
erlangte die Burg den Status eines nationalen Symbolortes.
Im 19. Jahrhundert wurde sie auf Initiative von Großherzog
Carl Alexander von Sachsen-Weimar-Eisenach aufwändig re-
konstruiert und künstlerisch ausgestaltet. Die „deutscheste
aller deutschen Burgen" rückte so zum vielbesuchten Natio-
naldenkmal auf. Über alle politischen Zäsuren hinweg hat sie
sich ihre Anziehungskraft bewahrt und gehört seit 1999 zum
UNESCO-Weltkulturerbe.

Thüringen und Sachsen

Die Leipziger Teilung der Wettiner 1485

Die Wettiner gehörten im ausgehenden Mittelalter zu den mächtigsten Fürsten des Reiches und beherrschten auch die Gebiete der Landgrafschaft Thüringen. Auf dem Höhepunkt umfasste ihr Territorium den größten Teil des heutigen Mitteldeutschlands. Die Leipziger Teilung 1485 brachte allerdings die Aufspaltung in eine ernestinische und albertinische Linie. Für die Zeitgenossen noch nicht absehbar sollte diese in einer langen Traditionskette stehende Teilung dauerhaft bestehen bleiben. Die historische Spur führt so letztlich bis hin zu den heutigen Freistaaten Thüringen und Sachsen, deren Geschichte wesentlich von den Ernestinern und Albertinern geprägt wurde. Zumindest im Rückblick wird man die Leipziger Teilung damit zu den folgenreichen Schlüsselmomenten der thüringischen wie der sächsischen Landesgeschichte zählen dürfen.

Ausgangspunkt des beeindruckenden Aufstiegs der Wettiner war der Erwerb der Markgrafschaft Meißen 1089 und der Machtausbau im heutigen Sachsen gewesen. Nach dem Aussterben der Ludowinger hatten sie sich 1247/64 die mächtige und sagenumwobene Landgrafschaft Thüringen gesichert und bauten ihren Besitz im Lande weiter aus. Neben ihnen konnten sich dauerhaft nur die Schwarzburger und Reußen als einheimische Reichsfürsten in Thüringen behaupten. 1423 erlangten die Wettiner mit dem Herzogtum Sachsen-Wittenberg sogar den prestigeträchtigen Status eines der sieben Kurfürsten des Reiches. Zusammen mit den Erzbischöfen von Mainz, Köln und Trier, dem König von Böhmen, Markgrafen von Brandenburg und Pfalzgrafen bei Rhein waren sie nunmehr für die Wahl des

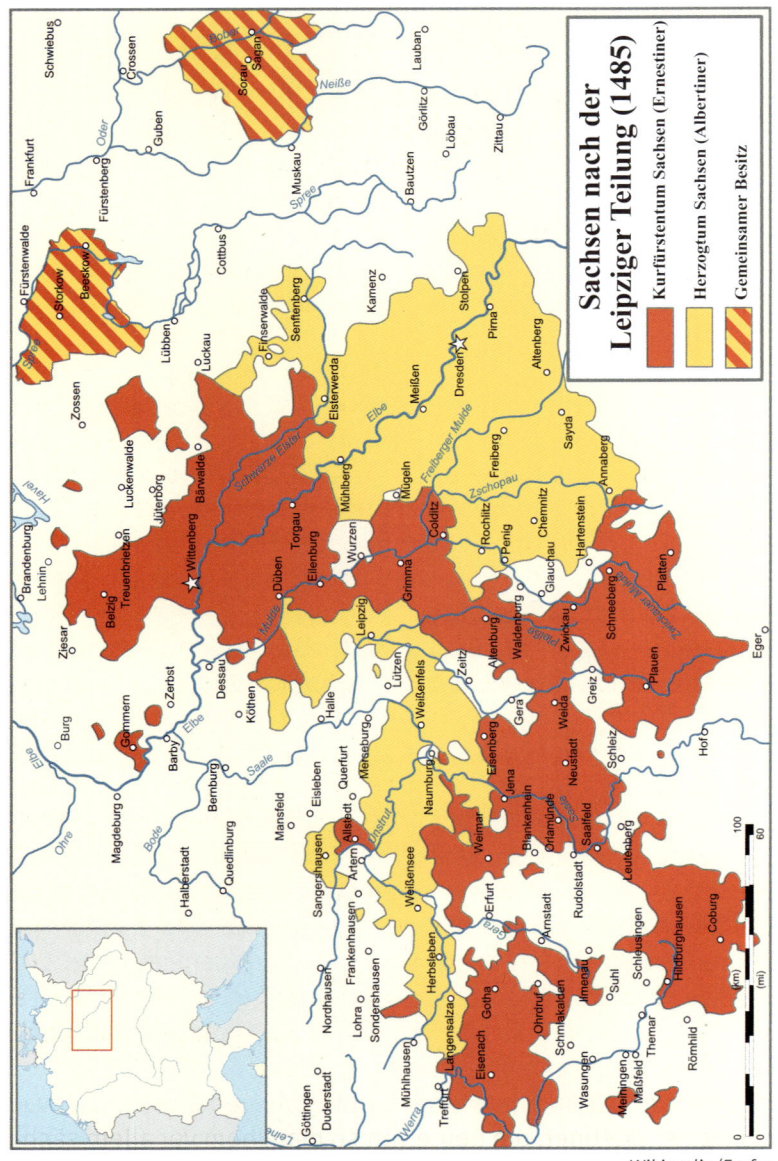

Mitteldeutschland nach der Leipziger Teilung 1485.

Das Wappen der wettinischen Kurfürsten von Sachsen fungiert noch heute als Landeswappen Sachsens.

Kaisers verantwortlich. Die Wettiner führten fortan das Wappen des Herzogtums Sachsen mit dem neunmal Schwarz und Gold geteilten Schild mit grünem Rautenkranz.

Bei aller Machtfülle kam es allerdings nicht zur Festigung eines einheitlichen wettinischen Territorialstaates im heutigen Mitteldeutschland, dessen westlicher Teil Thüringen hätte werden können. Vielmehr spaltete die Leipziger Teilung zwischen den herzoglichen Brüdern 1485 den großen Länderkomplex dauerhaft in zwei Linien. Der jüngere Albrecht erhielt die Markgrafschaft Meißen, Gebiete um Leipzig sowie einen Landstreifen im nördlichen Thüringen bis hinter Bad Langensalza. Kurfürst Ernst übernahm das mit der Kurwürde verbundene Herzogtum Sachsen-Wittenberg, einen breiten Landstreifen bis nach Zwickau und ins Vogtland sowie die Gebiete in Thüringen um Altenburg, Weimar, Gotha, Eisenach und Coburg. Neben den Gebietsüberschneidungen verfügten beide gemeinsam unter anderem über die wichtigen Einkünfte aus den Silberbergwerken des Erzgebirges.

Jene Leipziger Teilung führte langfristig zu einer Schwächung der Wettiner, die heute von so manchem vor allem sächsischen Landeshistoriker bedauert und geradezu als historisches Verhängnis eingestuft wird. Wenn man dem auch nicht unbedingt folgen muss, so handelt es sich doch zweifellos um

Schlacht von Mühlberg 1547 in einer Darstellung aus dem Jahr 1550.

eine nachhaltige historische Zäsur. Denn die Entwicklungs-
linie der ernestinischen und albertinischen Territorien, benannt nach jenen Brüdern Ernst und Albrecht, führt bis hin zu
den heutigen Freistaaten Thüringen und Sachsen. Den Albertinern gelang zwar nach dem Sieg im Schmalkaldischen Krieg
1546/47, der den Ernestinern die Kurwürde und alle nicht-
thüringischen Gebiete kostete, die Entwicklung des Kurfürs-
tentums und späteren Königreichs Sachsen zu einem Territo-
rialstaat mit der Residenz Dresden. Kursachsen geriet jedoch
nach dem glanzvollen „Augusteischen Zeitalter" Augusts des
Starken seit Mitte des 18. Jahrhunderts immer wieder auf die
Verliererseite der Geschichte und büßte im Laufe der Zeit zwei
Drittel seines Territoriums ein. Aus dem zugunsten Preußens
verkleinerten Königreich Sachsen von 1815 ging schließlich
der heutige Freistaat Sachsen hervor.

Schloss Altenburg gehörte zu den ernestinischen Residenzen in Thüringen.

Die Ernestiner wiederum splitterten ihren Besitz seit dem 16. Jahrhundert gar in zahlreiche Herrschaften auf, was zur Ausbildung der sprichwörtlichen Kleinstaatenwelt in Thüringen wesentlich mit beitrug. Sie nannten sich nach der entscheidenden Niederlage in der Schlacht von Mühlberg an der Elbe am 24. April 1547 Herzöge von Sachsen und führten ebenso wie die albertinischen Kurfürsten von Sachsen das Wappen mit dem grünen Rautenkranz. Nach einem letzten erfolglosen militärischen Aufbegehren gegen die albertinischen Vettern 1567 ergab man sich in das Schicksal weitgehender politischer Bedeutungslosigkeit. Rasch musste man zudem durch die fortgesetzten Erbteilungen spezifizieren in Herzogtum Sachsen-Weimar, Sachsen-Gotha, Sachsen-Altenburg usw. Zeitweise existierten bis zu zehn mehr oder weniger souveräne ernestinische Herrschaften, die kaum den Umfang eines heutigen Landkreises maßen.

1531 wurde in der südthüringischen Stadt der Schmalkaldische Bund gegründet. Ansicht aus Jahren 1890–1905.

Freilich gehörten die ernestinischen Herzöge in den folgenden Jahrhunderten aber auch zu den wichtigsten Schöpfern der einzigartigen Kulturlandschaft Thüringen. Zunächst sahen sie sich vor allem als Schirmherren der Reformation. Unter den noch kurfürstlichen Ernestinern Friedrich der Weise, Johann der Beständige und Johann Friedrich der Großmütige war Sachsen zur Schutzmacht der 1517 in Wittenberg einsetzenden Reformation aufgerückt. Ohne ihre Unterstützung hätte das Gedankengut Martin Luthers kaum seine weltgeschichtliche Wirkungskraft entfalten können. Zudem übten Johann und Johann Friedrich im Schmalkaldischen Bund der protestantischen Reichsstände von 1531 eine Führungsrolle aus. Die kostete den Ernestinern freilich unter Johann Friedrich dem Großmütigen 1547 ihre Machtposition gegen Kaiser Karl V. und den albertinischen Herzog Moritz von Sachsen. Umso mehr sahen sich die Ernestiner in Thüringen fortan als die eigentlichen

Goethe- und Schiller-Denkmal in Weimar.

Bewahrer des Luthertums, was sich etwa in den bedeutenden Bibliotheken und Archiven des Landes bestaunen lässt. Die Albertiner dagegen behandelten dieses Erbe recht wankelmütig und schlugen es schließlich sogar mit der Konversion Augusts des Starken zum Katholizismus als Tribut für die polnische Königskrone 1697 ganz aus.

Das Bild der Kulturlandschaft Thüringen wird neben der Reformation am stärksten von der Weimarer Klassik bzw. Goethezeit von 1775 bis 1832 geprägt, dem „Goldenen Zeitalter" in Sachsen-Weimar-Eisenach. Der „Musenhof" von Herzogin Anna Amalia und die Herrschaft ihres Sohnes Carl August hatten zahlreiche Geistesgrößen der Zeit ins „Ilm-Athen" geführt: neben dem „Dichterfürsten" Johann Wolfgang Goethe unter anderem Christoph Martin Wieland, Johann Gottfried Herder und Friedrich Schiller. Parallel hierzu bildete die Universität Jena, an der Schiller als Professor wirkte, ein Zentrum der idealistischen Philosophie (Fichte, Schelling, Hegel) und der Frühromantik (Schlegel, Tieck, Brentano, Novalis). Weimar erlebte später ein „Silbernes Zeitalter" unter Großherzog Carl Alexander mit dem Wirken Franz Liszts, der Pflege des „klassischen Erbes" sowie dem Wiederaufbau der Wartburg.

Die Herrscher anderer ernestinischer Kleinstaaten waren ebenfalls bestrebt, sich kulturell zu profilieren. In Gotha hatte Herzog Ernst der Fromme im 17. Jahrhundert einen absolutistischen Musterstaat zu schaffen versucht, in Meiningen „Theaterherzog" Georg II. im 19. Jahrhundert deutsche Theatergeschichte geschrieben. Waren die Aufspaltung der Wettiner in zwei Linien 1485 und die Begrenzung der Ernestiner auf Thüringen 1547 mit vielen folgenden Erbteilungen zweifellos machtpolitisch-militärische Rückschritte, so haben sie doch zugleich die Kulturgeschichte der Lande um Weimar, Gotha, Meiningen und Altenburg im friedlichen fürstlichen Wettstreit ungemein befruchtet. Mit dem Klassischen Weimar gelangte das Vermächtnis der Ernestiner 1998 sogar auf die exklusive Liste des UNESCO-Weltkulturerbes und wurde in der 6. Thüringischen Landesausstellung in Weimar und Gotha 2016 umfassend gewürdigt.

Wikipedia

Herzog Ernst I. von Sachsen-Gotha-Altenburg, Kupferstich 1677.

Zwischen Aufbruch und Beharrung

Revolutionäre Zeiten 1789–1815

Die weltgeschichtlich bedeutsame Epoche der Französischen Revolution und Napoleonischen Zeit von 1789 bis 1815 strahlte nachhaltig auf die Entwicklung Thüringens aus. Sie veränderte die über Jahrhunderte gewachsene kulturfreudige Kleinstaatenwelt, ohne sie freilich zu beseitigen – was nunmehr ein echtes Alleinstellungsmerkmal in Deutschland wurde. In den Revolutionskriegen bzw. Napoleonischen Kriegen seit 1792 waren die Truppen Frankreichs den Heeren Österreichs, Preußens und seiner Verbündeten überlegen und erlangten unter der Führung Napoleons geradezu den Nimbus der Unbesiegbarkeit. Nach der Flurbereinigung des Reichsdeputationshauptschlusses 1803 wurde das 1000-jährige Heilige Römische Reich deutscher Nation 1806 durch Kaiser Franz II. aufgelöst. Dabei entstanden etwa im Süden Deutschlands aus einer ähnlich bunten Kleinstaatenwelt wie in Thüringen die modernen Territorialstaaten Bayern, Württemberg und Baden.

Eine vergleichbare epochale Umwälzung fand in Thüringen nicht statt. Dennoch veränderte sich auch hier die Landkarte. 1802 hatte sich Preußen in einem Vertrag mit Frankreich die kurmainzischen Territorien mit Erfurt und dem Eichsfeld sowie die Reichsstädte Mühlhausen und Nordhausen gesichert und stieg damit zur beherrschenden Macht in der Region auf. Allerdings gingen diese Gebiete 1806 gegen Napoleon in der Schlacht bei Jena und Auerstedt schon wieder verloren. Das Eichsfeld, Mühlhausen und Nordhausen kamen an das neue Königreich Westphalen unter Napoleons Bruder Jérôme, der gut befestigte Zentralort Erfurt erhielt den Sonderstatus einer „Kaiserlichen Domäne" unter direkter Hoheit Napoleons.

Der Deutsche Bund (1815–1866).

Waren die Kleinstaaten bisher unverändert geblieben, schien nun besonders für Sachsen-Weimar-Eisenach die letzte Stunde zu schlagen. Herzog Carl August erklärte nach der Jenaer Schlacht resigniert: „Herzog von Weimar und Eisenach wären wir einstweilen gewesen." Er hatte als einziger thüringischer Fürst ein Bündnis mit Preußen abgeschlossen und selbst an der Schlacht teilgenommen. Letztlich dürfte es vor allem die enge verwandtschaftliche Beziehung zum russischen Zaren gewesen sein – Carl Augusts Schwiegertochter war die Zarenschwester Maria Pawlowna –, die Weimars Herzogshaus

Stadtschloss in Weimar, Residenz des Herzogtums Sachsen-Weimar-Eisenach.

wie den übrigen Kleinstaaten um diese Klippe herum half. Alle Fürsten traten nunmehr dem Rheinbund unter Napoleons Protektorat bei.

Die Napoleonische Epoche gab Thüringen wichtige Anstöße für die politisch-gesellschaftliche Erneuerung. Mit Reformen sollte ähnlich wie in Preußen in Kooperation von Fürsten und liberalem Bürgertum den gebeutelten Kleinstaaten aufgeholfen werden. Dennoch blieb die Napoleonische Zeit vor allem als französische Fremdherrschaft mit ständigem Durchzug von Armeen, mit Einquartierungen und Abgabenlasten in Erinnerung. Die Kleinstaaten hatten im Rahmen des Rheinbundes für Napoleons Armeen Tausende Soldaten zu stellen, von denen die Mehrzahl ihre thüringische Heimat nie wieder sahen. Besonders Napoleons verheerende Niederlage in Russland 1812 kostete auch vielen Thüringern das Leben.

Die Kleinstaaten traten nach der Leipziger Völkerschlacht im Oktober 1813 dem antinapoleonischen Bündnis bei und beteiligten sich nun an den Kämpfen der Allianz gegen den Kaiser der Franzosen. Damit sicherten sie sich gerade noch rechtzeitig ihren Fortbestand. Sowohl aus den Kleinstaaten als auch aus dem bald wieder preußischen Thüringen meldeten sich zahlreiche Freiwillige. Der Sieg über Napoleon 1814/15 brachte freilich nicht das von vielen Teilnehmern der Befreiungskriege und Vertretern der liberalen Nationalbewegung erhoffte einige deutsche Vaterland.

Stattdessen trat auf dem Wiener Kongress 1815 der Deutsche Bund ins Leben, ein relativ loser Staatenbund aus 35 Monarchien und vier freien Städten. Die Großmächte Preußen und Österreich konkurrierten wie schon im Alten Reich um die Vorherrschaft. In Thüringen war es mit der Bildung des Deutschen Bundes nur zu geringfügigen Veränderungen gekommen, ohne die kleinstaatliche Zersplitterung aufzuheben. Die wettinischen, schwarzburgischen und reußischen Kleinstaaten konnten sich so über alle Veränderungen jener bewegten

Wikipedia/Stefan C. Hoja

Schloss Friedenstein, Residenz des Doppelherzogtums Sachsen-Coburg und Gotha.

zweieihalb Jahrzehnte hinüber retten. Auch die von seiner Haltung in der napoleonischen Zeit genährten Ambitionen des nunmehrigen Weimarer Großherzogs Carl August auf größere Machtgewinne oder sogar auf die sächsische Königskrone fanden keine Erfüllung.

In der Kleinstaatenwelt kam es in den folgenden Jahrzehnten zu Veränderungen, die nach wie vor dynastischen Zufällen geschuldet waren. Eine letzte große Umstrukturierung der ernestinischen Lande 1826, ausgelöst durch das Aussterben des Hauses Sachsen-Gotha-Altenburg, betraf die auf die gothaische Linie zurückgehenden Häuser Sachsen-Meiningen, Sachsen-Coburg-Saalfeld und Sachsen-Hildburghausen. Gotha wurde mit Coburg zusammen gefügt, das seinen Saalfelder Landesteil an Meiningen abtrat. Hildburghausen, dessen Herzog nach Altenburg umzog, kam ebenfalls zu Meiningen. Bis 1918 bestanden so neben dem Großherzogtum Sachsen-Weimar-Eisenach die Herzogtümer Sachsen-Coburg und Gotha,

Wikipedia/Michael Sander

Oberes Schloss in Greiz, Residenz des Fürstentums Reuß ältere Linie.

Sachsen-Meiningen und Sachsen-Altenburg. Hinzu kamen weiterhin die Fürstentümer Schwarzburg-Sonderhausen und Schwarzburg-Rudolstadt sowie seit der Jahrhundertmitte die Fürstentümer Reuß ältere Linie (Greiz) und Reuß jüngere Linie (Gera).

Obwohl die Kleinstaaten kaum politisches Gewicht besaßen, knüpfte besonders das Haus Coburg und Gotha ein einmalig dichtes Netz europaweiter dynastischer Verbindungen. So wurde 1831 Prinz Leopold erster König der Belgier, 1840 heiratete Prinz Albert die britische Königin Victoria – bis heute stellen deren Nachkommen in Belgien und Großbritannien das Königshaus. Vom portugiesischen König bis zum bulgarischen Zaren erlangten Gotha-Coburger hochadelige Spitzenstellungen, waren mit fast allen großen Fürstenhäusern verwandt.

Der Großteil der übrigen Gebiete Thüringens ging 1815 endgültig im Königreich Preußen auf, einem der großen Gewinner auf dem Wiener Kongress. Thüringen war nunmehr

Alexander Raßloff

Die Festungsstadt Erfurt mit der Zitadelle Petersberg war Verwaltungszentrum des preußischen Thüringens.

zweigeteilt in einen kleinstaatlichen und einen preußischen Bereich. Der letztere kam zur 1815 gebildeten Provinz Sachsen. Die neue Provinz mit der Hauptstadt Magdeburg umfasste mit Ausnahme des Herzogtums Anhalt (Dessau) im Wesentlichen das heutige Sachsen-Anhalt mit den Regierungsbezirken Magdeburg und Merseburg sowie den Regierungsbezirk Erfurt. Dieser erstreckte sich vom Eichsfeld und Nordhausen über Mühlhausen, das vormals kursächsische Langensalza und Weißensee bis zum Regierungssitz Erfurt. Hinzu kamen ehemals kursächsische Exklaven um Suhl, Schleusingen und Ziegenrück. Bereits seit 1648 hatte die Grafschaft Hohnstein bei Nordhausen zu Brandenburg-Preußen gehört.

Zum preußischen Thüringen zählten nach zeitgenössischem Verständnis aber auch Teile des Regierungsbezirkes Merseburg (Sangerhausen, Eckartsberga, Querfurt, Weißenfels, Naumburg und Zeitz), die heute zu Sachsen-Anhalt gehören. Der Regierungsbezirk Erfurt besaß für Preußen an seiner Südflanke eine große strategische Bedeutung. Die gewaltige Festung Erfurt mit den Zitadellen Petersberg und Cyriaksburg wurde ausgebaut und große Garnisonen angelegt. Als „Spinne im Kleinstaatennetz" nahm Preußen fortan starken Einfluss auf die politische und wirtschaftliche Entwicklung in der Region im beginnenden Zeitalter der Industrialisierung.

Preußischer Adler an der Zitadelle Petersberg in Erfurt.

Alexander Raßloff

39

Originalhandschrift des Deutschlandlieds von Hoffmann von Fallersleben.

„Einheit im biederen Thüringer Volke"

Die Revolution 1848/49

Eine zentrale Forderung der liberalen Nationalbewegung des frühen 19. Jahrhunderts, die zunächst vor allem gelehrte Kreise des Bürgertums, bald aber immer größere Teile der Bevölkerung stellen sollten, war die nach einem einigen deutschen Vaterland. Der Deutsche Bund von 1815 mit seinen weitgehend unabhängigen 39 Mitgliedern, nur zusammen gehalten von der Gesandtenvertretung des Bundestages in Frankfurt/Main, entsprach keineswegs diesem Idealbild. Nicht zuletzt die thüringische Kleinstaatenwelt geriet aus dieser Perspektive zeitweise kritisch in den Fokus. Sie gab der Nationalbewegung aber durchaus auch früh wichtige Impulse.

Jene zukunftsweisende Bewegung verstand den Nationalstaat als äußere Form, in der ihre Vorstellungen eines modernen Verfassungs- und Rechtsstaates verwirklich werden sollten. August Heinrich Hoffmann von Fallerleben hat dies 1841 in seinem „Lied der Deutschen", dessen dritte Strophe heute als Nationalhymne der Bundesrepublik dient, mit der Forderung nach „Einigkeit und Recht und Freiheit" klar formuliert. Die Ansichten über das künftige Deutschland waren dabei keineswegs einheitlich. Die „nationale Frage" konnte durch Preußen auf „kleindeutschem" Wege oder unter Einschluss Österreichs auf „großdeutschem" Wege gelöst werden. Ob man sich eine Monarchie oder eine Republik wünschte, hing vom jeweiligen politischen Standpunkt ab. Ein von romantischen Geschichtsbildern begünstigtes Anknüpfen an das 1806 untergegangene Kaiserreich in Form einer konstitutionellen Monarchie schien am ehesten mehrheitsfähig, wie sich 1848/49 zeigen sollte.

Schon während der napoleonischen Fremdherrschaft hatte Thüringen zu den Zentren der antifranzösischen Nationalbewegung gehört. An der Universität Jena verbreiteten unter anderem die Professoren Heinrich Luden, Dietrich Georg Kieser, Lorenz Oken und Jakob Friedrich Fries nationales Gedankengut. So sollte Jena frühe Anstöße für die Nationalbewegung geben. Als Ausgangspunkt der Burschenschaftsbewegung gilt die Jenaer „Urburschenschaft" von 1815, die bewusst die herkömmliche Gliederung in Landsmannschaften vermied. Als ihre Farben wählte sie die Uniformfarben des Lützowschen Freikorps aus den Befreiungskriegen gegen Napoleon Schwarz-Rot-Gold (schwarze Uniform, rote Aufschläge, goldene Knöpfe), heute die Nationalfarben der Bundesrepublik, und als Motto „Ehre, Freiheit, Vaterland". 1818 folgte die Gründung des Dachverbandes der Allgemeinen Deutschen Burschenschaft in Jena, das seinerzeit zum Großherzogtum Sachsen-Weimar-Eisenach gehörte.

Die Jenaer Burschenschaft gab auch die Anregung für das Wartburgfest im Oktober 1817, auf dem 500 Studenten aus allen Teilen des Bundes ein einiges Deutschland und bürgerliche Freiheitsrechte forderten – ein Signalereignis von großer Tragweite. Die Ermordung des als reaktionär geltenden Schriftstellers August von Kotzebue, dessen Schriften man auf dem Wartburgfest verbrannt hatte, durch den Jenaer Burschenschafter Karl Ludwig Sand 1819 leitete freilich auch die verschärfte Verfolgung der demokratisch-liberalen und nationalen Bewegung ein. Hierfür stehen die vom österreichischen Staatskanzler Clemens Fürst Metternich initiierten „Karlbader Beschlüsse" des Deutschen Bundes 1819. Dem Druck Österreichs und Preußens, die bis 1848 nicht einmal eine Verfassung erließen, mussten sich auch liberale Kleinstaaten wie Sachsen-Weimar-Eisenach unter Großherzog Carl August beugen.

Nach der Pariser Julirevolution 1830 bekam die liberale Nationalbewegung der „Vormärz"-Zeit wieder Aufwind, was beim Hambacher Fest 1832 deutlich wurde. Mit der Revolution von 1848/49 fand sie ihren Höhepunkt. Im März 1848 sahen sich auch die thüringischen Fürsten mit den „Märzforderungen" von Presse- und Versammlungsfreiheit bis hin zur Ablösung feudaler Relikte konfrontiert. In Gotha und den beiden Reuß forderte man zudem endlich Landesverfassungen. Die meisten Fürsten machten entsprechende Zugeständnisse. In Weimar wurde unter Großherzog Carl Friedrich sogar der Führer der liberalen Landtagsopposition Oskar von Wydenbrugk ins Staatsministerium berufen. Bürgerwehren, Petitionen, Versammlungen und eine aufblühende Presselandschaft sowie erstmals überwiegend frei gewählte Landtage beförderten die Politisierung der Bevölkerung.

Die liberale Mehrheit des Bürgertums strebte dabei einen Kompromiss mit den Monarchen an. Es gewannen aber auch Vertreter der demokratisch-republikanischen Richtung an Einfluss, wie Goswin Krackrügge und Hermann Alexander Berlepsch in Erfurt, Daniel Douai in Altenburg, Friedrich Karl Hönniger in Rudolstadt oder Feodor Streit in Coburg. Im Sommer und Herbst 1848 kam es zu einer Zuspitzung der Lage mit Aufruhr in zahlreichen kleinstaatlichen Gebieten und sogar einem bewaffneten Aufstand in Altenburg. Im Oktober

Stadtmuseum Erfurt

Aufstand der Erfurter Bürgerschaft am 24. November 1848.

„befriedete" eine Reichsexekution durch sächsische Truppen die Kleinstaaten. Ein Aufstand der Bürgerschaft in Erfurt am 24. November 1848 wurde von preußischen Truppen blutig niedergeschlagen, auch die Städte Mühlhausen, Nordhausen und Langensalza militärisch besetzt.

In der seit dem 18. Mai 1848 tagenden Frankfurter Nationalversammlung sollte die Verfassung des künftigen deutschen Nationalstaates ausgearbeitet werden. Zu den profilierten Abgeordneten aus Thüringen zählten unter anderem Bernhard August von Lindenau aus Altenburg und Moritz Briegleb aus Coburg. In der Frankfurter Paulskirche wurde auch heftig über die Kleinstaaten diskutiert. Nicht wenige Liberale und Demokraten sprachen ihnen die Existenzberechtigung ab und bedachten die Kleinstaaterei mit beißendem Spott, wenngleich zumindest deren kulturelle Verdienste besonders mit Blick auf Weimar und seine Klassiker um Goethe und Schiller durchaus gewürdigt wurden. Vor diesem Hintergrund wurde erstmals in der breiten Öffentlichkeit über eine Vereinigung Thüringens debattiert.

Der Erfurter Demokrat Berlepsch organisierte im Sommer 1848 fünf „Thüringer Volkstage". Auf diesen großen Volksversammlungen in (Bad) Berka, Ohrdruf, Arnstadt, Erfurt und Großbreitenbach forderte

Schärpe des Demokraten Hermann Alexander Berlepsch, Organisator der Thüringer Volkstage 1848.

Stadtmuseum Erfurt

Denkmal für Märchensammler Ludwig Bechstein in Meiningen.

er die „Erschaffung der Einheit und Brüderlichkeit im biederen Thüringer Volke". Die Demokraten strebten also ein einheitliches Thüringen als Teil der Vereinigung des deutschen Vaterlandes an. Das nach wie vor vorhandene Bewusstsein einer historischen Einheit in der Vielfalt der Kleinstaatenwelt bekam so nachhaltige Impulse. Diese fanden unter anderem in der Gründung des Vereins für Thüringische Geschichte und Altertumskunde in Jena (1852) zeitgemäßen Ausdruck. Jene Vereinsgründung markiert den Beginn einer wissenschaftlichen Landesgeschichtsforschung. Autoren wie der populäre Meininger Märchen- und Sagensammler Ludwig Bechstein trugen mit mehrfach aufgelegten Klassikern wie dem „Thüringer Sagenbuch" (1836) ebenfalls zur „Wiederentdeckung" der thüringischen Vergangenheit bei.

Auch auf Seiten der politisch längst weitgehend bedeutungslosen Kleinstaaten erwog man 1848/49 neben dem Anschluss an eines der benachbarten größeren Königreiche Preußen, Sachsen oder Bayern einen Zusammenschluss, der vom eher losen Staatenverein bis hin zur Renaissance des Königreiches Thüringen reichen konnte. Hierbei war es besonders Sachsen-Weimar-Eisenach, das die Vereinigungspläne mit dem Ziel einer dominierenden Stellung voran trieb. Die Entscheidung der Nationalversammlung vom Dezember 1848, auf die Auflösung der kleineren Staaten zu verzichten, setzten diesem ersten Anlauf auf eine politisch-administrative Einigung Thüringens ein rasches Ende. Die Revolution fand zudem mit der Ablehnung der Reichsverfassung und der ihm zugedachten Kaiserkrone durch den preußischen König Friedrich Wilhelm IV. im April 1849 einen erfolglosen Abschluss. Damit blieb auch in Thüringen zumindest territorial vorerst alles beim Alten.

Es hatte sich außerdem noch eine verbreitete Anhänglichkeit der Bevölkerung an die Dynastien gezeigt, sowohl auf dem Lande als auch in den stark vom jeweiligen Fürstenhof geprägten Residenzstädten. Für viele Thüringer schienen sich deutsches Nationalgefühl, regionale Thüringen-Identität und kleinstaatlicher Landespatriotismus keineswegs auszuschließen. Zugleich hatten die Kleinstaaten durchaus auch im nationalliberalen Lager ihre Fürsprecher wie die bekannten Historiker Georg Gottfried Gervinus und Jacob Burkhardt, wenngleich die kritische Sicht preußisch-nationaler Machtstaatsverfechter wie Heinrich von Treitschke lange dominierend blieb. Das Spannungsverhältnis der Bewertung zwischen verhängnisvoller „Kleinstaaterei" einerseits und bedeutenden kulturellen, gesellschaftlichen und politischen Impulsen für die deutsche Nationswerdung andererseits geht bereits in jene Epoche zurück.

„Bismarcks Zaunkönige"

Die Thüringer Kleinstaaten im Kaiserreich 1871

Thüringen gehörte nach der gescheiterten Revolution von 1848/49 zu jenen Regionen Deutschlands, in denen sich die gemäßigten Liberalen, teils in Übereinstimmung mit den kleinstaatlichen Monarchen und Regierungen, weiterhin um eine preußisch-kleindeutsche Lösung bemühten und entsprechende Weichen gestellt werden sollten. So trafen sich 1849 mit diesem Ziel liberale Politiker aus ganz Deutschland zum „Gothaer Nachparlament". Mit dem Erfurter Unionsparlament

Gustav-Freytag-Wohnhaus und heute Gedenkstätte in Siebleben bei Gotha.

1850, an dem auch der junge Otto von Bismarck teilnahm, verbanden sich noch einmal Hoffnungen auf einen preußisch geführten Nationalstaat. Auch nach dem Scheitern dieser Pläne und der anschließenden „Reaktionsperiode" boten Fürsten wie Herzog Ernst II. von Sachsen-Coburg und Gotha und Großherzog Carl Alexander von Sachsen-Weimar-Eisenach der liberalen Nationalbewegung eine sichere Heimstatt.

Das breite Turner-, Schützen- und Sängerwesen konnte sich gut entfalten, andernorts verfolgte Politiker oder Künstler fanden Unterschlupf. So lebte seit 1851 der in Preußen steckbrieflich gesuchte Schriftsteller Gustav Freytag unter freundschaftlicher Protektion Ernsts II. in Siebleben bei Gotha. Der von Liberalen und gemäßigten Demokraten 1859 gegründete Deutsche Nationalverein war in Eisenach vorbereitet worden und nahm seinen Sitz in Coburg. 1860 fand in Coburg das Erste Deutsche Turn- und Jugendfest statt. 1861 wurde in Gotha das erste Deutsche Schützenfest durchgeführt und der Deutsche Schützenbund sowie 1862 in Coburg der Deutsche Sängerbund gegründet. Sachsen-Coburg und Gotha bildete in jenen Jahren unter der Herrschaft der schillernden Persönlichkeit Ernsts II. nicht nur ein wichtiges Zentrum der liberalen Nationalbewegung, sondern wandelte sich auch zu einer vorbildhaften, stark an Großbritannien orientierten konstitutionell-parlamentarische Monarchie.

Die liberalen Kräfte in Thüringen, unterstützt von Landesregierungen und Monarchen, boten ähnlich wie die süddeutschen Staaten Alternativen zu der Vorstellung, dass nach der gescheiterten Revolution von 1848/49 nur noch die militärische Stärke einer konservativen Großmacht wie Preußen die Einheit Deutschlands herstellen könne. In Thüringen konnte sich „die Herdflamme des geistigen Lebens unserer Nation in freier Luft erhalten", wie der 1851 bis 1859 an der Universität Jena lehrende Historiker Gustav Droysen vermerkte. Wurde dies von der national-borussischen Geschichtsschreibung eines Heinrich von Treitschke lange ignoriert, so würdigt man heute, dass die thüringischen Kleinstaaten nicht nur die Einheitsbestrebungen in Deutschland bejahten, sondern vor allem auch den politischen Kräften von Einheit und Freiheit einen vergleichsweise großen Raum gaben. Hier deuten sich alternative historische Entwicklungsmöglichkeiten zum viel diskutierten „deutschen Sonderweg" in den Nationalstaat mit seinen konservativen, antidemokratischen und militaristischen Zügen an.

Wikipedia/Gerd Seyffert

Herzog Ernst II. von Sachsen-Coburg und Gotha auf einem Vereinsthaler aus dem Jahr 1862.

Letztlich war es aber nicht die liberale Nationalbewegung, die die Gründung eines Nationalstaates herbeiführte, sondern die Politik von „Eisen und Blut" des 1862 zum preußischen Ministerpräsidenten ernannten konservativen Junkers Otto von Bismarck. In Preußen mit der liberalen Landtagsmehrheit im „Verfassungskonflikt" überworfen und auch in Thüringen von vielen als „Erzreaktionär" eingestuft, konnte er die Stimmung durch die Reichseinigungskriege wenden. 1864 siegte Preußen mit Österreich über Dänemark, das das durch Personalunion verbundene Schleswig gänzlich in seinen Staatsverband hatte aufnehmen wollen. 1866 fiel die Entscheidung im preußisch-österreichischen Dualismus durch den Sieg Preußens, wobei der Deutsche Bund aufgelöst wurde. 1867 erfolgte die Gründung des Norddeutschen Bundes unter Führung Preußens. Mit dem siegreichen Deutsch-Französischen Krieg 1870/71 entstand das Deutsche Kaiserreich mit dem preußischen König als Kaiser Wilhelm I. und Bismarck als Reichskanzler an der Spitze.

Thüringen wurde von den Reichseinigungskriegen, insbesondere dem Deutschen bzw. Preußisch-Österreichischen Krieg 1866, massiv erfasst. So fand hier am 27. Juni 1866

Schlacht bei Langensalza 1866.

bei (Bad) Langensalza eine der wichtigsten Schlachten statt, in der preußische und gotha-coburgische Verbände die Armee des Königreiches Hannover besiegen konnten. Wie in allen deutschen Staaten mussten sich auch die thüringischen Fürsten wohl oder übel für eine der beiden Großmächte entscheiden. Sachsen-Coburg und Gotha, Sachsen-Altenburg und Schwarzburg-Sondershausen waren von Beginn an mit Preußen verbündet. Nach der Entscheidungsschlacht bei Königgrätz am 3. Juli 1866 vollzogen auch die bisher neutralen Staaten Sachsen-Weimar-Eisenach, Schwarzburg-Rudolstadt und Reuß jüngere Linie (Gera) den Schritt an die Seite des Siegers. Ähnlich wie in der Napoleonischen Zeit sicherten sie so ihren Fortbestand.

Die Parteinahme für Österreich hätten dagegen Sachsen-Meiningen und Reuß ältere Linie (Greiz) fast mit ihrer Existenz bezahlt. Nur der Intervention anderer Fürsten beim preußischen König verdankten sie ihre weitere Existenz, die auf Druck Bismarcks jedoch unter harten Auflagen garantiert wurde. Herzog Bernhard in Meiningen und Regentin Caroline in Greiz mussten zugunsten ihrer Söhne Georg und Heinrich

Das Deutsche Reich 1871–1918.

zurücktreten. Reuß wurde eine Strafzahlung von 200.000 Talern auferlegt. So kamen alle thüringischen Kleinstaaten über eine weitere einschneidende Flurbereinigung hinweg, der 1866 durch preußische Annexion neben Schleswig-Holstein die deutlich größeren souveränen Staaten Königreich Hannover, Herzogtum Nassau, Kurfürstentum Hessen-Kassel und die Freie Stadt Frankfurt zum Opfer fielen. Dabei wechselte die über Jahrhunderte hessische Herrschaft Schmalkalden an die preußische Provinz Hessen-Nassau.

Auch die Gründung des Deutschen Kaiserreiches 1871 änderte wenig später nichts an der thüringischen Kleinstaatenwelt. Der neue föderale Nationalstaat vereinte 22 Monarchien, drei Hansestädte und das Reichsland Elsass-Lothringen, wobei sich in Thüringen nunmehr fast ein Drittel aller souveränen Fürsten auf engstem Raum drängte. Auf vielen Landkarten des Reiches war aus Platzgründen nur noch von den „Thüringischen Staaten" die Rede. Einzige Veränderung bis zum Ende des Kaiserreiches sollte das Aussterben der Herrscherhäuser von Reuß ältere Linie (1902) und Schwarzburg-Sondershausen (1909) bleiben, die jedoch als selbstständige Fürstentümer in Personalunion unter den Fürsten von Reuß jüngere Linie und Schwarzburg-Rudolstadt weiter bestanden. Zeichnete sich das neue Reich grundsätzlich durch ein Ungleichgewicht zwischen den Bundesmitgliedern aus, so verkörperte dies Thüringen in besonderer Weise.

Dominierender Staat des Kaiserreiches war das Königreich Preußen mit 350.000 Quadratkilometern Fläche und 35 Mio. Einwohnern (um 1900), schon mit deutlichem Abstand gefolgt vom Königreich Bayern (75.000, 6 Mio.) und Königreich Sachsen (15.000, 4 Mio.). Die von den drei Königreichen umgebenen thüringischen Kleinstaaten siedelten sich dagegen zusammen mit den Hansestädten Hamburg, Bremen und Lübeck sowie den übrigen Kleinstaaten (Herzogtum Anhalt, Fürstentümer Waldeck, Lippe und Schaumburg-Lippe) ganz am Ende der Skala an. Größter war mit 3600 Quadratkilometern und 340.000 Einwohnern das Großherzogtum Sachsen-Weimar-Eisenach, kleinster das Fürstentum Reuß ältere Linie mit 316 Quadratkilometern und 67.000 Einwohnern.

Auf ein Wort Bismarcks zurückgehend bezeichnete man die Kleinstaatenfürsten nun spöttisch als „Zaunkönige" im Kaiserreich. Die Hegemonialmacht Preußen gewann auch in Thüringen eine immer stärkere Stellung. Mit 3500 Quadratkilometern bildete der Regierungsbezirk Erfurt nach Sachsen-Weimar-Eisenach die zweitgrößte politisch-administrative Einheit, verfügte aber mit 450.000 über die meisten Einwohner einschließlich der seit 1906 ersten und lange Zeit einzigen Großstadt Erfurt. Von Preußen gingen fortan wichtige ökonomische Impulse aus. Die preußische Staatsbahn übernahm

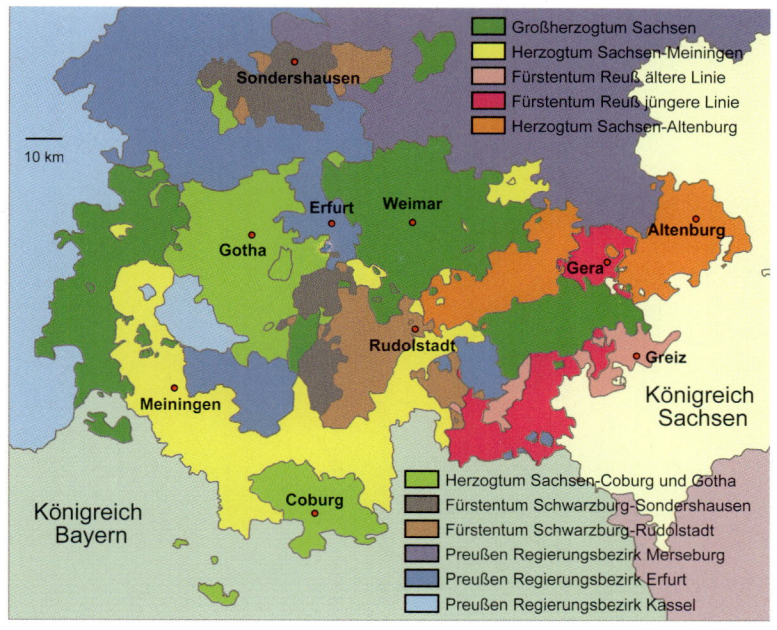

Die Thüringischen Staaten um 1910.

den lukrativen Eisenbahnbetrieb in weiten Teilen Thüringens, die Modernisierung von Recht, Verwaltung und Bildung wurde vorangetrieben und das preußische Heer besaß in fast allen Kleinstaaten Garnisonen. Trotz einer gewissen politischen Rückschrittlichkeit führte dies zusammen mit dem Nimbus der Reichseinigungsmacht von 1871 zur Entstehung eines preußischen Landespatriotismus in den entsprechenden Gebieten. Auch die meisten der thüringischen Monarchen ergaben sich mehr oder weniger willig in die Abhängigkeit von Preußen, garantierte ihnen das preußisch dominierte Reich doch ihre Existenz und ließ im Rahmen des Föderalismus innenpolitische Spielräume.

Thüringisches Hauptstaatsarchiv Weimar

Urzeichnung des Wappens des Freistaates Thüringen (1921).

Der erste Freistaat

„Kleinthüringische" Landesgründung 1920

Der 1. Mai 1920 ist einer der wichtigsten Schlüsselmomente der Landesgeschichte – gewissermaßen der Geburtstag des modernen föderalen Thüringens. Nach Jahrhunderten fürstlicher Kleinstaaterei entstand per Reichsgesetz ein demokratischer Gliedstaat der Weimarer Republik: „Die Länder Sachsen-Weimar-Eisenach, Sachsen-Meiningen, Reuß, Sachsen-Altenburg, Sachsen-Gotha ohne das Gebiet von Coburg, Schwarzburg-Rudolstadt und Schwarzburg-Sondershausen werden mit Wirkung vom 1. Mai 1920 zu einem Lande Thüringen vereinigt." Symbolisch verdichtete sich der historische Moment im Landeswappen von 1921 mit sieben silbernen Sternen auf rotem Grund für die zusammengeschlossenen Kleinstaaten. Dieses nahm offenkundig Anleihen beim Sternenbanner der USA, die seinerzeit zumindest im linken politischen Lager als demokratisch-föderales Vorbild galten.

Jener einschneidende Wandel kam keineswegs überraschend. Trotz aller Verdienste besonders im kulturellen Bereich war die längst in Deutschland einzigartige Kleinstaatenwelt zuvor immer stärker zugunsten eines einheitlichen Thüringens in Frage gestellt worden. Insbesondere die Broschüre des Meininger Sozialdemokraten Arthur Hofmann „Thüringer Kleinstaatenjammer" (1906) hatte als ausdrücklicher „Weckruf" eine heftige Diskussion angefacht. Mit bissiger Ironie verwies Hofmann darauf, „wieviel bei uns regiert wird! Ein Großherzog, drei Herzöge und vier Fürsten wachen über das Wohl und Wehe ihrer ‚Untertanen' und werden in ihrem schweren Berufe unterstützt von neun Ministerien und zwei Dutzend Landräten." Jene teure „Kleinstaaterei in Thüringen", so Hofmann, begünstige zudem die ökonomisch nachteilige „Abhängigkeit von Preußen" nicht zuletzt in der Eisenbahnpolitik. Schließlich mahnten selbst Liberale und Konservative gewisse Strukturreformen an. Doch zu echten Veränderungen sollte es vor dem Ersten Weltkrieg 1914/18 vor allem wegen der strikt ablehnenden Haltung der Monarchen und ihrer Regierungen nicht mehr kommen. So geriet der lange durchaus erfolgreiche „Sonderweg in die Moderne" in Thüringen in die Sackgasse.

Der Ausbruch des Ersten Weltkriegs im August 1914 erzeugte auch in Thüringen zunächst eine Welle der nationalen Begeisterung. Das Zusammenrücken von Armee und „Heimatfront" schien die Spannungen noch einmal zu überbrücken und die Kleinstaatenfrage aus dem Blickfeld zu rücken. Die lange Dauer des Krieges, die Opfer an den Fronten sowie durch Hunger und Krankheiten in der Heimat führten jedoch zu wachsender Kriegsmüdigkeit. Anfangs in den „Burgfrieden" aller Parteien eingebunden, begannen linke Teile der SPD die Unterstützung des Krieges offen in Frage zu stellen. Hieraus entstand die Unabhängige Sozialdemokratische Partei Deutschlands (USPD), die im April 1917 in Gotha gegründet wurde und dort eine ihrer Hochburgen besaß.

Die Novemberrevolution mit der Abdankung des Kaisers und der Ausrufung der Republik am 9. November 1918 strahlte auch auf Thüringen aus. Schon seit dem 7. November war es zu Unruhen und zur Bildung von Arbeiter- und Soldatenräten gekommen. In den Residenzen stand die Abdankung des jeweiligen Kleinstaatenfürsten und die Machtübergabe seiner Landesregierung im Mittelpunkt. Beginnend mit Großherzog Wilhelm Ernst am 9. November in Weimar zog sich dieser Prozess mehr als zwei Wochen hin. Fürst Günther Victor von Schwarzburg dankte erst am 25. November als letzter deutscher Monarch in Sondershausen ab. Meist lief dies friedlich ab, zumal die alten Eliten kaum Widerstand leisteten. Die

Bundesarchiv, BildY 1-297-2456-67

Novemberrevolution 1918: Kundgebung in Suhl.

Macht im Lande wurde nun gebündelt von Vertretern der gemäßigten Arbeiterbewegung, die eine Zusammenarbeit mit dem liberalen Bürgertum anstrebten.

Mit der Novemberrevolution 1918 endete so die Herrschaft der wettinischen, schwarzburgischen und reußischen Herrscherhäuser. Bei aller Wertschätzung besonders in bürgerlich-konservativen Bevölkerungsschichten schienen sich die kleinen Monarchien überlebt zu haben. Thomas Mann hatte schon 1909 in seinem Roman „Königliche Hoheit" die Grenzen eines fiktiven fürstlichen Kleinstaates im Zeitalter der industriell-urbanen Moderne umschrieben. Bei aller parodistischen Übersteigerung lässt sich so manche Parallele zu den realen Kleinstaaten in Thüringen erkennen. Die trotz alledem vor 1914 weithin akzeptierten Monarchien kamen 1918 in einer akuten Krisensituation mit dem Kaiserreich zu Fall.

Ihre Energie bündelten die alten und neuen politischen Eliten nun vor allem auf den jetzt allgemein angestrebten staatlichen Zusammenschluss. Die aus den Monarchien hervorgegangenen Freistaaten (= Republiken) wurden nach den Landtagswahlen vom Frühjahr 1919 von sozialdemokratischen bzw. sozialliberalen Regierungen geführt, die für einen demokratischen Umbau standen. Nur in der USPD-Hochburg Gotha versuchten linksradikale Kräfte zeitweise ein Rätesystem nach russischem Vorbild durchzusetzen. Viele Politiker, die den kommenden Einigungsprozess mit der SPD gemeinsam steuern sollten, gehörten der neuen linksliberalen Deutschen Demokratischen Partei (DDP) an. Allen voran war dies Regierungschef Arnold Paulssen in Weimar, der 1920 zum ersten leitenden Staatsminister Thüringens werden sollte.

Weitere wichtige Weichenstellungen waren das Wegfallen der fürstlichen Personalunion zwischen Sachsen-Gotha und Sachsen-Coburg mit der Trennung der beiden Freistaaten sowie die Bildung des Volksstaates Reuß im April 1919 aus Gera und Greiz mit einer gewissen Vorbildwirkung für Thüringen. Die von den Landtagen erarbeiteten Landesverfassungen beschränkten sich in den meisten Fällen auf die nötigsten Festlegungen, während für Sachsen-Weimar-Eisenach vom Jenaer Juristen und DDP-Politiker Eduard Rosenthal eine ausführliche Landesverfassung ausgearbeitet und am 14. April 1919 beschlossen wurde. Diese sollte als Vorbild für die künftige Landesverfassung Thüringens dienen.

Zunächst schien alles auf ein „Großthüringen" aus den Kleinstaaten und den preußischen Gebieten mit Erfurt zuzulaufen. Eine Konferenz der Arbeiter- und Soldatenräte am 10. Dezember 1918 in Erfurt plädierte ähnlich wie die Demokraten von 1848 für eine „Provinz Thüringen als Teil der

1918 endete die Monarchie auch in der schwarzburgischen Residenz Rudolstadt.

Einheitsrepublik Deutschland". Dem standen in den Kleinstaaten Befürworter eines „Kleinthüringen" gegenüber, während auch so mancher hiesige Preuße einen Abschied aus dem großen deutschen Kernstaat in jener politisch-sozialen Krisenzeit ablehnte. Die Debatten der Weimarer Nationalversammlung 1919 – Geburtsort der ersten deutschen Demokratie – und Konferenzen der deutschen Länderregierungen deuteten zudem lange vor der Weimarer Reichsverfassung vom 11. August 1919 auf einen föderal-unitarischen Kompromiss hin, der die Länderstruktur nicht grundlegend zu verändern gedachte. Damit wurde eine großthüringische Gründung zunehmend unwahrscheinlicher.

Letztendlich gelang es den kleinstaatlichen Landesregierungen in Abstimmung mit den Landtagen, den Prozess entscheidend zu steuern. Bereits Ende 1918 hatten erste Gespräche stattgefunden, die im Mai 1919 zu einem „Gemeinschaftsvertrag" führten. Ein Staatsrat aus Vertretern der Einzelregierungen mit dem Weimarer Arnold Paulssen (DDP) und dessen Stellvertreter Arthur Hofmann (SPD) aus Meiningen an der Spitze führte die Konföderation auf Zeit, ein Volksrat führte gewählte Vertreter der Einzellandtage zusammen. Einige Kleinstaaten, besonders Meiningen, mussten in zähen Verhandlungen für einen Beitritt gewonnen werden. Im Falle Coburgs blieben alle Bemühungen vergebens, hier schloss man sich nach einer Volksabstimmung im November 1919 dem Freistaat Bayern an. Das von der Nationalversammlung in Weimar am 23. April einstimmig beschlossene Reichsgesetz führte so die eingangs genannten sieben Kleinstaaten zum Land Thüringen mit Wirkung vom 1. Mai 1920 zusammen.

Auch wenn es also im „ersten Anlauf" der Landesgründung nicht zur Bildung eines „Großthüringen" im heutigen Sinne kam, hatte die Region doch die einschneidendste Gebietsveränderung in Deutschland zwischen 1866 und 1945 erlebt, von der sich so mancher weitere Impulse für eine umfassende Reichsreform erhoffte. Jene Reichsreform-Debatten flammten auch bis zum „Einfrieren" durch Reichskanzler Adolf Hitler

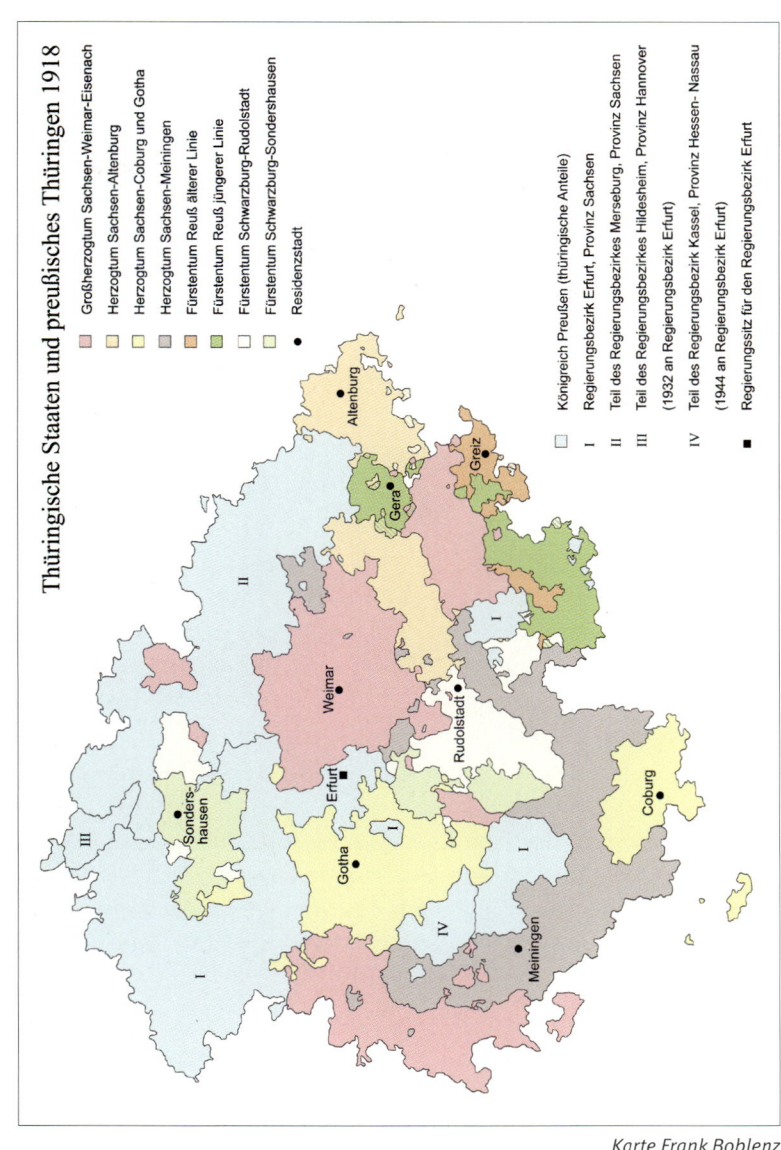

Thüringische Staaten und preußisches Thüringen 1918

Großherzogtum Sachsen-Weimar-Eisenach
Herzogtum Sachsen-Altenburg
Herzogtum Sachsen-Coburg und Gotha
Herzogtum Sachsen-Meiningen
Fürstentum Reuß älterer Linie
Fürstentum Reuß jüngerer Linie
Fürstentum Schwarzburg-Rudolstadt
Fürstentum Schwarzburg-Sondershausen
Residenzstadt

Königreich Preußen (thüringische Anteile)
Regierungsbezirk Erfurt, Provinz Sachsen

I   Teil des Regierungsbezirkes Merseburg, Provinz Sachsen
II Teil des Regierungsbezirkes Hildesheim, Provinz Hannover
    (1932 an Regierungsbezirk Erfurt)
III Teil des Regierungsbezirkes Kassel, Provinz Hessen-Nassau
    (1944 an Regierungsbezirk Erfurt)
IV Regierungssitz für den Regierungsbezirk Erfurt

Karte Frank Boblenz

Thüringische Staaten und preußisches Thüringen 1918.

1933 immer wieder auf, wobei neben einem Großthüringen auch Pläne eines „Mitteldeutschlands" aus Thüringen, der Provinz Sachsen und dem Freistaat Anhalt oder gar mitsamt des Freistaates Sachsen diskutiert wurden. All dies blieb aber Makulatur, da es über den neuen Freistaat Thüringen hinaus mit Ausnahme der Vereinigung von Mecklenburg-Schwerin und Mecklenburg-Strelitz (1934) zu keinen großräumigen Strukturveränderungen in Deutschland mehr kam.

Die Landesregierung von Thüringen, 1920/21. Von links: stehend Carl Freiherr von Brandenstein, Emil Hartmann; sitzend August Frölich, Arnold Paulssen, Harald Bielfeld, Herman Anders Krüger, Ottomar Benz.

Intermezzo in der DDR

Das Land Thüringen 1945–1952

Nach der „Machtergreifung" Adolf Hitlers in Deutschland 1933 gelang es den Nationalsozialisten um Gauleiter Fritz Sauckel erfolgreich, Thüringen als „Mustergau" zu profilieren. Hier hatte die NS-Bewegung in den 1920er-Jahren eine ihrer frühen Hochburgen, hier war 1930 die erste Regierungsbeteiligung und 1932 die „vorgezogene Machtergreifung" mit der Regierung Sauckel gelungen. Auch die politisch-administrative Einigung der Region schritt dabei voran. 1944 kam es zur faktischen Vereinigung von Land Thüringen und preußischem Regierungsbezirk Erfurt durch Gauleiter Sauckel, dem per Führererlass die Befugnisse eines Oberpräsidenten in Erfurt übertragen wurden. Die formaljuristische Gründung eines „Großthüringen" im heutigen Sinne erfolgte allerdings erst nach dem Ende der NS-Diktatur 1945.

Mit der Kapitulation des Deutschen Reiches am 8. Mai 1945 endete der Zweite Weltkrieg in Europa. Die Macht ging an die Siegermächte der Anti-Hitler-Koalition über. Deutschland wurde in vier Besatzungszonen geteilt und die Gebiete östlich von Oder/Neiße Polen und der Sowjetunion zur Verwaltung angegliedert. Da es vorerst keine gesamtdeutschen Strukturen gab, spielten die Länder eine wichtige Rolle. Hierbei kam es zu einschneidenden Gebietsreformen. Insbesondere die faktische Auflösung Preußens – durch das Alliierte Kontrollratsgesetz Nr. 46 vom 25. Februar 1947 offiziell besiegelt – machte den Weg für teils völlig neue Staatsgebilde frei.

So erfolgte, ähnlich wie im historisch eng verknüpften Hessen, auch in Thüringen 1945 der letzte Schritt zum staatlichen Zusammenschluss. Dabei wurden die Verknüpfungen der

Thüringen

Wikipedia/WikiNight2

Die vier Besatzungszonen in Deutschland 1945.

preußischen Gebiete Thüringens im Rahmen der Provinz Sachsen, nun Kern des neuen Nachbarlandes Sachsen-Anhalt, endgültig gelöst. Selbiges gilt für die jahrhundertelange hessische bzw. preußische Enklave Schmalkalden. Durch die Bildung des zunächst für kurze Zeit „Provinz" genannten Landes Thüringen entstand erstmals ein Staatsgebilde, das in etwa alle Gebiete des heutigen Freistaates umfasste: den Freistaat Thüringen von 1920 (ohne die Exklave Allstedt), den preußischen Regierungsbezirk Erfurt und den Kreis Schmalkalden. Schrittweise übernahm Erfurt als einzige Großstadt und natürlicher Mittelpunkt Thüringens von Weimar die Hauptstadtfunktion,

Das heutige Landtagshochhaus in Erfurt wurde 1951 für die Landesregierung errichtet.

woran das 1951 eingeweihte heutige Landtagshochhaus im Stil des Bauhauses erinnert.

Im April 1945 hatten die einmarschierten US-Truppen die Besatzungsherrschaft übernommen. Unter Führung einer Militärregierung arbeiteten die Verwaltungen weiter, wobei NS-belastete Führungskräfte ausgetauscht wurden. Als Besonderheit beim staatlichen Wiederaufbau Thüringens ist die anfangs zentrale Rolle ehemaliger Buchenwald-Häftlinge unter Führung von Hermann Brill zu betonen. Der SPD-Parlamentarier und Staatsrat der 1920er-Jahre wurde als „Regierungspräsident" der „Provinz" mit dem Aufbau der Landesverwaltung beauftragt. Brill wollte die Zersplitterung der Arbeiterbewegung mit seinem Bund demokratischer Sozialisten überwinden und strebte mit bürgerlichen Politikern einen antifaschistisch-demokratischen Neubeginn in Thüringen an.

Durch den im Juli 1945 vollzogenen Besatzerwechsel entsprechend den Abmachungen der alliierten Kriegskonferenzen

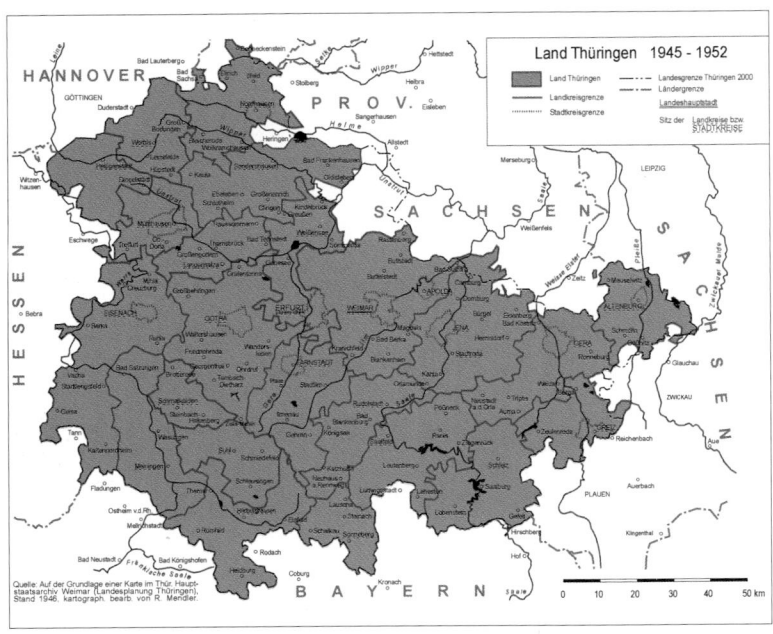

Hans Herz, Thüringen: Zwölf Karten zur Geschichte 1485-1995

Karte Thüringen 1945–1952.

kam Thüringen zur sowjetischen Besatzungszone (SBZ). Die Sowjetische Militäradministration in Deutschland (SMAD) übertrug einer regionalen Militärregierung (SMATh) die Hoheitsgewalt. In den folgenden Jahren wirkten sich die großen geopolitischen Veränderungen nachhaltig auf Thüringen aus. Die gegensätzlichen Interessen der Westmächte unter Führung der USA und des „Ostblocks" unter der Sowjetunion führten bald in die Konfrontation des Kalten Krieges. Ergebnis war die doppelte Staatsgründung 1949, der Bundesrepublik Deutschland in den drei Westzonen, der Deutschen Demokratischen Republik (DDR) in der SBZ. Die DDR wandelte sich zum kommunistischen Satellitenstaat der Sowjetunion unter Führung der Sozialistischen Einheitspartei Deutschlands (SED).

Auch in Thüringen wurden die demokratischen Ansätze seit 1945 zurückgedrängt und die Wirtschaft nach sowjetischem

Wikipedia/TUBS

Die Bezirke in der DDR 1952–1990.

Modell grundlegend verändert. Hatte die KPD Brills Pläne einer sozialistischen Einheitspartei zunächst abgelehnt, kam es 1946 unter veränderten Vorzeichen zur Vereinigung von SPD und KPD zur SED. Diese wandelte sich zur stalinistischen Kaderpartei, die bürgerlichen Parteien verloren ihre innere Selbstständigkeit. Zusammen mit den Massenorganisationen bildeten alle Parteien bis 1989 einen nach Einheitslisten gewählten „Block", der die Macht der SED sicherte. Die Entnazifizierung wurde auch zur Beseitigung politischer Gegner missbraucht. Allein im sowjetischen Speziallager Nr. 2 im ehemaligen KZ Buchenwald wurden von 1945 bis 1950 ca. 28.500 Menschen interniert, von denen mehr als 7000 aufgrund der Haftbedingungen ums Leben kamen.

Die SED-Herrscher beseitigten schließlich nur wenige Jahre nach der ersten „großthüringischen" Landesbildung auch die föderale Struktur der DDR. 1952 erfolgte mit der Einführung des „demokratischen Zentralismus" die Auflösung der Länder mit der Teilung Thüringens in die Bezirke Erfurt, Gera und Suhl. Hierbei kam es zu Grenzkorrekturen mit den Nachbarbezirken sowie der Verkleinerung der Landkreise, wobei Schmölln und Altenburg an den Bezirk Leipzig und der neu gebildete Kreis Artern an den Bezirk Halle gelangten. Waren die Rechte der Länder schon zuvor beschnitten worden, stellten die 15 Bezirke nur noch reine Verwaltungseinheiten dar, die von der Parteiführung in Ostberlin zentral gesteuert wurden. Die Zerschlagung der Länder war Teil des 1952 von SED-Generalsekretär Walter Ulbricht proklamierten „Aufbaus des Sozialismus" in Politik, Gesellschaft und Wirtschaft. Ergebnis der teils sehr drastischen Maßnahmen war der Volksaufstand vom 17. Juni 1953, den die Sowjetarmee militärisch niederschlug.

Ein Hauptproblem blieb nach dem „17. Juni" der Massenexodus von über 2,6 Millionen DDR-Bürgern in den „Westen". Auch Tausende Thüringer verließen das Land. Dieser bedrohliche Substanzverlust wurde mit dem Bau der Berliner Mauer am 13. August 1961 unterbunden. In ihrem Schatten begann sich das SED-Regime allmählich zu stabilisieren. Die DDR schien sich unter dem neuen SED-Generalsekretär Erich Honecker (1971) endgültig etabliert zu haben. Ein gewisser Wirtschaftsaufschwung mit umfassendem Sozialstaat, gemäßigtere Herrschaftsmethoden und internationale Anerkennung schienen untrügliche Signale.

Die SED-Propaganda mit dem Bild vom siegreichen Sozialismus verfehlte jedoch zunehmend ihre Wirkung. Dazu trugen die totalitären Züge in Staat und Gesellschaft entscheidend bei, auch wenn sich dies nicht ständig im Alltag der Menschen

Bundesarchiv, Bild 183-N0415-363 Otto Donath

Die Gedenkstätte Mödlareuth erinnert an die deutsch-deutsche Teilung. Der Bach bildete die Grenze, die bis 1989 mitten durch das Dorf verlief, Juli 1949.

nieder schlug. Deutlichstes Symptom war die als „antifaschistischer Schutzwall" bezeichnete Grenze zur Bundesrepublik und zu Westberlin, an der ca. 800 Menschen bei Fluchtversuchen ums Leben kamen. Die drei thüringischen Bezirke litten als südwestliche DDR-Randbezirke mit insgesamt 763 km Grenze zur Bundesrepublik besonders unter dem inhumanen Grenzregime. Zwei große Zwangsumsiedlungsaktionen 1952 und 1961 vertrieben Tausende Menschen aus dem Grenzgebiet, in dem die verbleibenden Einwohner erhebliche Einschränkungen hinnehmen mussten.

Das seit 1966 mit einer Betonmauer geteilte Dorf Mödlareuth bei Hirschberg geriet als „Little Berlin" sogar zum Symbol der deutsch-deutschen Teilung. Unmittelbar an der Nahtstelle der Machtblöcke gelegen, stand Thüringen auch im Fokus der strategischen Planungen der Weltmächte. Die 51.000 Soldaten der sowjetischen 8. Gardearmee in Thüringen waren mit modernster Technik ausgerüstet und auf 143 Standorte im ganzen Land

Die Gedenkstätte Andreasstraße im ehemaligen MfS-Gefängnis in Erfurt erinnert an die SED-Diktatur.

verteilt. Bei Geisa in der Rhön befand sich mit dem amerikanischen Beobachtungspunkt Point Alpha der „heißeste Punkt im Kalten Krieg". Der Stützpunkt lag im Zentrum der NATO-Verteidigungslinie „Fulda Gap" (Fuldaer Lücke), in der die NATO die Invasion der Truppen des Warschauer Pakts erwartete.

Darüber hinaus herrschte in Thüringen ein besonders eisiges politisches Klima. Symbolisiert wurde dies bis 1989 durch die als Hardliner bekannten 1. Sekretäre der SED-Bezirksleitungen Gerhard Müller (Erfurt), Herbert Ziegenhahn (Gera) und Hans Albrecht (Suhl). Die Bezirkssekretäre standen als „Statthalter Honeckers" und „rote Landesfürsten" auch für die Privilegienwirtschaft der regionalen Parteielite. Zugleich verbreitete das Ministerium für Staatssicherheit (MfS) mit seinen Bezirksverwaltungen Erfurt, Gera und Suhl in besonderem Maße jenes Klima der Angst und Verunsicherung, das über Jahrzehnte zum Machterhalt der Partei entscheidend beitrug. In den drei Bezirken arbeiteten 1989 rund 7000 hauptamtliche „Stasi"-Mitarbeiter und 19.000 Inoffizielle Mitarbeiter (IM).

Der zweite Freistaat

„Großthüringische" Landesgründung 1990

Thüringen brachte der Prozess von Friedlicher Revolution und deutscher Wiedervereinigung 1989/90 auch die Renaissance als politisch-administrative Einheit. Er stellt damit den vorerst letzten markanten Schlüsselmoment der Landesgeschichte dar. Nur knapp ein Jahr nach dem hoch emotionalen „Wende"-Herbst 1989, der die SED-Diktatur in der DDR ohne größere Gewalt beseitigte, konstituierte sich Thüringen am 3. Oktober 1990 als Bundesland der Bundesrepublik Deutschland. Zu den drei Bezirken Erfurt, Gera und Suhl kamen die zuvor zum Bezirk Leipzig gehörenden Kreise Schmölln und Altenburg sowie das zu Halle gehörige Artern. Mit 16.000 Quadratkilometern Fläche und 2,6 Mio. Einwohnern rangierte das südwestliche der „neuen Länder", das sich 1993 in seiner Verfassung Freistaat Thüringen nannte, unter den nunmehr 16 föderalen Gliedern der Bundesrepublik an 11. bzw. 10. Stelle. Landeshauptstadt und Parlamentssitz wurde Erfurt.

Die thüringischen Bezirke hatten zunächst nicht zu den spektakulären Zentren der „Wende" vom Herbst 1989 gehört. Dennoch regte sich auch hier wachsender Protest, erstmals deutlich erkennbar anlässlich der gefälschten Kommunalwahlen vom 7. Mai 1989. Die Wandlungen in den anderen Ostblockstaaten, die im Sommer anschwellende Fluchtwelle über Ungarn sowie die BRD-Botschaften und schließlich die schizophrenen Feierlichkeiten zum 40. Republikgeburtstag am 7. Oktober erzeugten eine Krisenstimmung, auf die die Parteiführung nur mit Polemik und Hilflosigkeit reagierte.

Bundesarchiv, Bild 183-1989-1112-010 Jürgen Ludwig

12. November 1989: Demonstration in Arnstadt für „friedvolle Veränderungen, verbesserten Umweltschutz und die Zulassung demokratischer Vereinigungen sowie freie Wahlen".

Es waren zum Teil auch regionale Probleme, die den Volkszorn herausforderten. In Erfurt ist etwa der geplante Abriss von Teilen der historischen Altstadt zu nennen. Die Meldungen von 110-prozentigen Planerfüllungen und gewonnenen „Ernteschlachten" kontrastierten hart mit den realen Erfahrungen der Mangelwirtschaft im Alltag der Menschen. Die teils bedrohlichen ökologischen Probleme, ein absolutes Tabuthema, schlugen sich sowohl in den Industriezentren als auch in der industriell betriebenen Landwirtschaft mit Bodenerosion und ungeheuren Güllemengen nieder. So nahm der Machtverlust der SED seit Oktober 1989 auch in Thüringen rapide Fahrt auf.

Schon zu Beginn der Revolution waren erste Stimmen laut geworden, die 1952 aufgelösten Länder Mecklenburg, Brandenburg, Sachsen-Anhalt, Sachsen und Thüringen wieder zu gründen. Das regionale Sonderbewusstsein der DDR-Bürger war auch nach fast vier Jahrzehnten noch immer ausgeprägt, während die 15 Bezirke nie eine tiefere identitätsstiftende Kraft hatten entfalten können. Wissenschaftliche Umfragen ergaben, dass die landsmannschaftliche Geschlossenheit der Thüringer neben der der Sachsen und Brandenburger am stärksten ausgeprägt war. Mit dem deutlichen Umschwung der Stimmung hin zur Wiedervereinigung Deutschlands nach dem Mauerfall am 9. November 1989 rückte zudem die Angleichung an die föderalen Strukturen der Bundesrepublik immer deutlicher in den Blickpunkt.

Die letzte SED-Regierung unter Hans Modrow strebte zunächst nur eine Verwaltungsreform auf unterer Ebene an. Der Druck der Öffentlichkeit wurde jedoch immer stärker, sodass eine Regierungskommission „Verwaltungsreform" die künftige Länderstruktur vorbereiten sollte. Sie setzte die Arbeit auch nach der Volkskammerwahl vom 18. März 1990 unter der Regierung Lothar de Maizière (CDU) fort. Nachdem zum 1. Juli bereits die Wirtschafts-, Währungs- und Sozialunion mit der Bundesrepublik in Kraft getreten war, nahm die Volkskammer am 22. Juli 1990 das Ländereinführungsgesetz für Mecklenburg-Vorpommern, Brandenburg, Sachsen, Sachsen-Anhalt und Thüringen an.

In den Diskussionen stand trotz zahlreicher Alternativvorschläge die Bildung der fünf bereits von 1945 bis 1952 existierenden Länder nie ernsthaft in Frage. Das galt auch für die drei Südwestbezirke als Kern Thüringens. Darüber hinaus hielt das Ländereinführungsgesetz schließlich fest: „Unter Beachtung der Ergebnisse der Bürgerbefragungen beantragen ... die Kreistage von Altenburg, Schmölln und Artern die Kreiszuordnung zu Thüringen." Besagte Befragungen hatten in Artern und Schmölln deutliche Mehrheiten für Thüringen ergeben. Altenburg bildete dagegen einen Sonderfall, weil der Kreistag hier das Votum der Bürger korrigierte. Zwar stimmten bei geringer Beteiligung (55,3 %) 53,8 % für Sachsen, der Kreistag votierte jedoch mit 38 zu 25 Stimmen für Thüringen. Zahlreiche Gemeinden in den Kreisen Naumburg, Weißenfels, Nebra und Sangerhausen (alle Bezirk Halle) sprachen sich ebenfalls für die Angliederung an

Die Bundesrepublik Deutschland 2013.

Thüringen aus, was allerdings nicht in das Ländereinführungsgesetz einfloss. Auch in der Folgezeit blieben entsprechende
Bemühungen der Bürgerinitiative Nordthüringen erfolglos.

Parallel zu diesen strukturellen Entscheidungen ging die innere Landesgründung voran. Als Übergangsregelung hatte die

DDR-Regierung nach Auflösung der Bezirkstage zum 31. Mai 1990 Regierungsbevollmächtigte in den Bezirken eingesetzt (Josef Duchač für Erfurt, Peter Lindlau für Gera, Werner Ulbrich für Suhl, alle CDU). Im August übernahm Duchač bis zur Konstituierung der ersten Landesregierung das Amt eines Landessprechers für die drei Bezirke. Am 16. Mai war erstmals auf Initiative der CDU der Politisch-Beratende Ausschuss zur Gründung des Landes Thüringen zusammen getreten. Entsprechend dem Abschneiden bei den Volkskammer- und Kommunalwahlen waren in diesem Ausschuss elf Parteien und Vereinigungen vertreten.

Am 3. Oktober 1990 schließlich schlug die Geburtsstunde des Bundeslandes Thüringen. Mit dem Beitritt der auf dem Territorium der DDR entstandenen Länder zum Geltungsbereich des Grundgesetzes wurde die Wiedervereinigung Deutschlands vollzogen. Thüringen war jetzt ein gleichberechtigter Teil der föderalen Bundesrepublik. Am 11. Oktober erfolgte die Unterzeichnung der Verträge zur Eingliederung der Kreise Artern, Altenburg und Schmölln durch deren Landräte. Die erste Landtagswahl am 14. Oktober sah die CDU als klaren Sieger unter den fünf Parteien, die den Sprung ins Parlament geschafft hatten (CDU, SPD, PDS, FDP, Neues Forum/Die Grünen/Demokratie Jetzt). Der am 25. Oktober feierlich im Weimarer Nationaltheater konstituierte Landtag wählte am 8. November 1990 Josef Duchač zum Ministerpräsidenten einer CDU-FDP-Koalitionsregierung. Damit galt die Landesbildung staatsrechtlich als abgeschlossen.

Es folgte der Aufbau des parlamentarischen Fundamentes, der Ministerien und einer funktionstüchtigen Landesverwaltung, oft mit Unterstützung aus den „alten" Bundesländern, besonders aus Hessen und Rheinland-Pfalz. Bereits im Februar 1992 übernahm zudem der ehemalige rheinland-pfälzische Ministerpräsident Bernhard Vogel von Duchač das Amt des Ministerpräsidenten und prägte die weitere Entwicklung maßgeblich mit. Statt der Zwischeninstanz von Regierungsbezirken nahm das Landesverwaltungsamt in Weimar 1991 seine

Bundesarchiv, Bild 183-1990-1108-025 Ralf Hirschberger

8. November 1990: Die Staatsregierung des Landes Thüringen: Hans-Joachim Jäntsch (CDU-Justiz), Willibald Böck (CDU/Innen), Hartmut Sieckmann (FDP-Umwelt), Dr. Ulrich Fickel (FDP-Wissenschaft/Kultur), Dr. med. Hans-Henning Axthelm (CDU- Soziales), Dr. Klaus Zeh (CDU-Finanzen), Christine Lieberknecht (CDU-Bildung), Dr. Volker Sklenar (CDU-Landwirtschaft), Dr. Hans-Jürgen Schultz (FDP-Wirtschaft), Jochen Lengemann (CDU-besondere Angelegenheiten) v. l. n. r.; Rechts außen Ministerpräsident Josef Duchac.

Geschäfte auf. Nach heftigem „Wahlkampf" vor allem mit Weimar wurde Erfurter am 10. Januar 1991 zum Sitz des Thüringer Landtages und zur Landeshauptstadt erklärt, womit man an die Zeit vor 1952 anknüpfte.

Ebenfalls am 10. Januar 1991 verabschiedete der Landtag das Gesetz über die Hoheitszeichen Thüringens, die ein wesentliches Element der Eigenstaatlichkeit und Außendarstellung des Landes bilden. Neben den traditionellen Landesfarben Weiß und Rot greift das Wappen mit dem ludowingischen Löwen auf die Tradition der Landgrafschaft Thüringen zurück, verarbeitet mit heraldischen Mitteln aber auch die jüngere Geschichte. Das Wappen zeigt in Blau einen goldgekrönten und bewehrten, achtfach von Rot und Silber quergestreiften Löwen,

Thüringer Landtag

Unterzeichnung der Verfassung für den Freistaat Thüringen auf der Wartburg am 25. Oktober 1993.

umgeben von acht silbernen Sternen. Dies symbolisiert die für Thüringen so charakteristische historische „Einheit in der Vielfalt". Der Löwe verkörpert die ins Mittelalter zurückreichende Landesgeschichte, während die ihn umgebenden Sterne für die neuzeitlichen Kleinstaaten und die preußischen Gebiete stehen.

Dem ersten Landtag kam auch die Aufgabe der Verabschiedung einer Verfassung zu. Die Verfassungsentwürfe der fünf Landtagsfraktionen wurden zu einem Entwurf zusammengefasst sowie Experten und der Öffentlichkeit zur Diskussion vorgelegt. Hierauf kam es noch zu Veränderungen, etwa der Bezeichnung des Landes als „Freistaat Thüringen" in Anknüpfung an die demokratische Tradition von 1920. In seiner 95. Sitzung am 25. Oktober 1993 verabschiedete der Thüringer Landtag feierlich auf der Wartburg mit Zweidrittelmehrheit der „Verfassungskoalition" aus CDU, SPD und FDP die Verfassung des Freistaats Thüringen. Endgültig in Kraft trat diese mit der Volksabstimmung (70,1 % für die Verfassung) parallel zur zweiten Landtagswahl 1994. Thüringen bekam damit nach einem besonders intensiven Prozess als letztes Bundesland eine Verfassung, laut Präambel geprägt vom „Bewußtsein des kulturellen Reichtums und der Schönheit des Landes, seiner wechselvollen Geschichte, der leidvollen Erfahrungen mit überstandenen Diktaturen und des Erfolges der friedlichen Veränderungen im Herbst 1989".

Alamy FDM6CE

Lesetipps

Helmut Castritius/Dieter Geuenich/Matthias Werner (Hg.): Die Frühzeit der Thüringer. Archäologie, Sprache, Geschichte. Berlin/New York 2009.

Christian Faludi/Marc Bartuschka (Hg.): „Engere Heimat". Die Gründung des Landes Thüringen 1920. Wiesbaden 2020.

Hans-Werner Hahn/Werner Greiling (Hg.): Die Revolution 1848/49 in Thüringen. Aktionsräume – Handlungsebenen – Wirkungen. Rudolstadt/Jena 1998.

Hans Patze/Walter Schlesinger (Hg.): Geschichte Thüringens. 6 Bde. Köln/Wien 1967–1984.

Steffen Raßloff: Geschichte Thüringens. München [2]2020.

Steffen Raßloff: Mitteldeutsche Geschichte. Sachsen – Sachsen-Anhalt – Thüringen. Markkleeberg [2]2019.

Thüringen-Handbuch. Territorium, Verfassung, Parlament, Regierung und Verwaltung in Thüringen 1920 bis 1995. Weimar 1999.